Tina Caspari

Pferde
für den Roggenhof

SCHNEIDER
BUCH

Die Deutsche Bibliothek – CIP-Einheitsaufnahme

Caspari, Tina:
Jana & Janusch / Tina Caspari. – München : F. Schneider.

Bd. 1. Pferde für den Roggenhof. – 1997
ISBN 3-505-10506-6

Hrsg. Helga Wegener-Olbricht

Dieses Buch wurde auf chlorfreies,
umweltfreundlich hergestelltes
Papier gedruckt. Es entspricht den
neuen Rechtschreibregeln.

Titelbild und Illustrationen: Bettina Wohlfarth
Umschlaggestaltung: ART-DESIGN Wolfrath, München
Karte: Gert F. Köhler
Herstellung/Satz: FIBO Lichtsatz GmbH, München
Druck: Presse-Druck, Augsburg
Bindung: Conzella Urban Meister, München-Dornach
ISBN 3-505-10506-6

Insel
Rügen
Ostsee
KAP ARKONA
Tromper
Wiek
Dranske
Wiek
Wieker Bodden
WITTOW
KÖNIGSSTUHL
HIDDENSEE
JASMUND
Großer
Jasmunder
Bodden
Sagard
Saßnitz
Schaprode
Roggenhof
Kleiner
Jasmunder
Bodden
UMMANZ
Gingst
Bergen
Binz
GRANITZ
Sellin
Göhren
Samtens
Putbus
VILM
MÖNCHGUT
Garz
Stral-
sund
ZUDAR
Greifswalder
Bodden
N
W
O
S
0
5
10
15 km

Jana starrte geradeaus. Je weniger sie sah, um so besser war es. Es interessierte sie nicht, ob die Landschaft reizvoll, die Felder endlos und die Wälder noch richtige Wälder waren. Keine zehn Pferde würden sie hier halten können! Auch nicht auf der Insel Rügen, die angeblich so schön sein sollte. Von München nach Rügen zu gehen – damit hatte sie nie gerechnet.

Sie konnte es natürlich verstehen, daß Mam Fluchtgedanken hatte nach ihrer Scheidung. Aber war das ihr Problem? Sie hatte keine Lust das Opfer zu sein und auszutragen, was Papa ihnen da eingebrockt hatte. Gut, Mam hatte vorgeschlagen, sie könne zu ihrem Vater ziehen, wenn sie durchaus nicht mit nach Rügen wollte. Das war doch echt eine Zumutung! Mit Papa und seiner neuen Freundin in einer Wohnung!

Warum hatte Mam sich nicht einen anderen Job gesucht? Warum musste sie sofort springen, wenn Onkel Helmut pfiff, weil er mit seinem Laden nicht allein klar kam? Mams heißgeliebtes Bruderherz. Er lässt seinen gut bezahlten Posten sausen und kauft den alten Familienbesitz auf Rügen zurück, um eine Hotelpension daraus zu machen. Und dann läuft ihm seine Freundin weg und Mam muss her, weil sie was vom Fach versteht.

Und jetzt diese qualvolle Dreizehn-Stunden-Fahrt! Eigentlich hatten sie sich Stralsund ansehen wollen. Das heißt: Mam hatte beschlossen, sie müssten sich unbedingt diese schöne alte Hansestadt ansehen, von der aus man über den Rügendamm auf die Insel hinüberfuhr. Doch inzwischen war es stockdunkel. Jana hatte Kopfschmerzen und fühlte sich hundeelend. Sie würde ein anderes Mal Stralsund ansehen.

Ihre Mutter war so mit den zahlreichen Problemen des Umzugs beschäftigt gewesen, dass sie Janas Protestaktionen kaum wahrgenommen hatte. Ob es nun die Verweigerung der Nahrung, der Redestreik oder Janas ständige Abwesenheit bei den Reisevorbereitungen gewesen war ... Ulrike Brunnhofer ließ sich durch so etwas nicht beeinflussen. Natürlich hatte sie hin und wieder versucht Jana umzustimmen. Sie hatte auch mal ärgerlich gesagt, wie lächerlich sie es fand, etwas in Bausch und Bogen zu verdammen, das man überhaupt nicht kannte. Doch der Widerstand ihrer Tochter war wie eine Mauer gewesen. Wann immer das Wort „Rügen" oder „Roggenhof" fiel, war Jana mit einem anderen Thema gekommen.

Auf der Fahrt war kaum ein Wort gefallen. Rike Brunnhofer hatte hin und wieder versucht ein Gespräch in Gang zu bringen, doch Jana hatte ihr Schweigen nicht gebrochen. Ihre Mutter hatte öfter eine kurze

Pause eingelegt, war ein Stück weit gelaufen, hatte sich mit ein paar Gymnastikübungen aufgelockert und Kaffee aus der Thermoskanne getrunken. Sie hatte für die Reise ein kleines Picknick mitgenommen, doch da Jana jede Nahrung verweigerte, hatte auch sie sich darauf beschränkt, nur hin und wieder einen Apfel, ein paar Nüsse oder einen Keks zu essen.

Inzwischen war Mitternacht vorüber. Rike Brunnhofer hatte ihren Bruder vor drei Stunden angerufen um ihn auf die verspätete Ankunft vorzubereiten. Jetzt, da das Ziel so nahe vor ihr lag, wurde sie wieder munterer.

Jana starrte wie während der ganzen Fahrt auf die Straße. Plötzlich schrie sie auf. „Vorsicht, Mam!"

Automatisch trat Ulrike Brunnhofer mit aller Kraft auf die Bremse, der Wagen schlingerte leicht und kam gerade noch rechtzeitig zum Stehen. Vor ihnen auf der Straße lief ein Pferd ziellos hin und her. Geblendet sah es zu ihnen hinüber.

„Es muss ausgebrochen sein. Komm!" Rike Brunnhofer schaltete die Warnleuchte an und sprang aus dem Wagen.

Jana war wie der Blitz draußen und ging langsam auf das verängstigte Tier zu. „Komm, Liebes, komm her! Was machst du denn da mitten auf der Fahrbahn!", sagte sie ruhig. „Das ist gefährlich, weißt du das nicht?"

Das Pferd wieherte verhalten, nervös wich es zurück.

Jana streckte behutsam die Hand aus. „Hohoho ... ganz ruhig, mein Kleiner, wir wollen dir doch nur helfen ... Na, komm, hab keine Angst!"

Langsam ging sie näher, doch gerade als sie nach seinem Halfter greifen wollte, warf sich das Pferd mit einem Satz herum und trabte davon, die Straße hinauf.

Rike Brunnhofer stellte sich ihm in den Weg, doch das Pferd änderte blitzschnell seine Richtung und lief seitlich ins Dunkel.

„Ein Glück, dass nicht so viel Verkehr ist. He, Mam, es steht da drüben am Koppelzaun!", rief Jana.

„Gut. Du von rechts, ich von links. Sprich mit ihm, Jana."

Langsam schob sich Jana an das Pferd heran, dabei sprach sie mit leiser Stimme beruhigend mit ihm. Das Pferd beobachtete jede ihrer Bewegungen, stand aber still. Als sie auf einen Meter herangekommen war, wich es ängstlich schnorchelnd zurück.

„Hab ich dich, mein Freund! So ist es brav! Ganz ruhig." Janas Mutter hatte genau im richtigen Moment nach dem Halfter gefasst.

„Gut, Mum! Jetzt müssen wir nur noch rausfinden, wo es hingehört."

Das Pferd stand jetzt ruhig und ließ sich streicheln.

„Geh den Koppelzaun ab, vielleicht findest du das Loch, durch das der Bursche entkommen ist. Die Taschenlampe liegt im Kofferraum."

Zum Glück hatte Jana den Durchschlupf bald gefunden. Es war das Koppelgitter selbst, an dem sich ein Scharnier gelöst hatte, nun hing es so schief in den Angeln, dass das Pferd leicht hatte darübersteigen können. Jana brauchte alle Kraft um es hochzustemmen.

„Hierher, Mam! Das Gatter ist kaputt!" Sie leuchtete der Mutter mit der Taschenlampe den Weg und im Nu war der Ausreißer wieder auf seiner Weide. Zufrieden trabte er ins Dunkel davon, während Jana und ihre Mutter das beschädigte Tor hinter ihm schlossen.

„Und was jetzt?" Jana betrachtete ratlos das Koppelgatter. „Wir können schlecht die ganze Nacht hier stehen und das Teil festhalten!"

„Warte einen Moment, ich habe eine Idee." Rike Brunnhofer verschwand in der Dunkelheit und kam gleich darauf mit einer Wäscheleine zurück. „Ein Segen, dass ich die im letzten Moment noch ins Auto geworfen habe. Ich fand sie zu schade zum Wegwerfen."

„Du findest immer alles zu schade zum Wegwerfen." Jana lachte. „Jetzt sehe ich, wozu das gut ist."

Gemeinsam banden sie das lose Gatter mit Hilfe der Leine so fest am Pfosten an, dass auch ein kräftiges Pferd es nicht würde eindrücken können.

„Uff! Geschafft!" Rike Brunnhofer lachte. „Eigentlich ein gutes Vorzeichen für einen, der nichts als Reiten im Kopf hat: dein erstes Abenteuer auf Rügen ist eines mit einem Pferd!"

„Ich bin so froh, dass ihm nichts passiert ist", sagte Jana ausweichend. „Mann, war das ein Schreck! Aber du hast toll reagiert."

„In diesem Fall könnte man wirklich sagen: wie im Schlaf. Na komm, bringen wir die letzte Strecke hinter uns. Sind sie immer noch so schlimm, deine Kopfschmerzen?"

„Woher weißt du, dass ich Kopfschmerzen habe?"

„Ich kenne dich. Außerdem ist es nur logisch nach dieser Fahrt – mit leerem Magen und ohne etwas zu trinken.

Hier …“ Rike Brunnhofer reichte ihrer Tochter ein Fläschchen Pfefferminzöl hinüber, das sie für solche Gelegenheiten bei sich trug. „Reib dir den Nacken und die Schläfen ein. Aber vorsichtig, dass nichts in die Augen kommt.“

Sie stiegen ein und Rike startete den Wagen. Jana rieb sich mit dem Öl ein, dann nahm sie die Wasserflasche vom Rücksitz und trank sie gierig zur Hälfte leer. Mit halb geschlossenen Augen lehnte sie sich zurück. Sie waren an Bergen vorbeigefahren, der kleinen Stadt auf der Insel, in der sie künftig zur Schule gehen würde. Jetzt bog die Mutter nach Westen ab. Was war das für ein Geräusch? Jana öffnete die Augen. Dieses gleichmäßige Rauschen …

„Ja, jetzt sind wir zu Hause“, sagte Ulrike Brunnhofer leise. „Der Wind. Das Rauschen der Alleebäume. Es ist, wie wenn man in eine andere Welt eintritt. Und die Luft! Schnupper mal …“

Jana reckte sich schläfrig. Sie wollte an dieser Insel nichts schön finden. Aber diese wunderschöne Allee, der Geruch nach Meerwasser, feuchter Erde und Kiefernholz lösten in ihr ein Gefühl der Sehnsucht aus, das sie beunruhigte. Ein richtiges Herzklopfengefühl.

Der Wagen rumpelte über das Kopfsteinpflaster eines kleinen Dorfes. Flüchtig erfassten die Scheinwerfer eine alte Backsteinkirche mit dickem Turm, geduckte Bauernhäuser mit tief heruntergezogenen Dächern, das Schild eines Gasthofs und das eines winzigen Ladens, das den Verkauf frisch geräucherter Fische ankündigte. Dann waren sie wieder auf der Allee.

„Jetzt sind wir gleich da“, sagte Rike Brunnhofer und

Jana spürte die freudige Erregung, die die Mutter erfasste.

Wenig später bogen sie in eine von Pappeln eingefasste kleinere Allee ein, an deren Anfang ein romantisch gestaltetes Schild auf die *Hotelpension Gut Roggenhof* hinwies. Sie fuhren über eine alte, moosbewachsene Steinbrücke, Kies knirschte unter den Rädern. Blühende Forsythiensträucher neigten sich seitlich dem Wagen entgegen. Jetzt mündete der Weg in ein großes Rondell, dessen Ränder dicht mit Frühlingsblumen bepflanzt waren. Und dahinter lag es! Von Scheinwerfern angestrahlt, schneeweiß gestrichen in seiner neu renovierten alten Schönheit: das Gutshaus Roggenhof mit seiner Freitreppe, der weißen alten Kassettentür und den schönen Sprossenfenstern. Sie hielten vor der Einfahrt.

Onkel Helmut musste sie schon von weitem gehört haben. In Sekundenschnelle stand er neben dem Wagen und öffnete seiner Schwester die Tür.

„Endlich! Ihr Armen. Willkommen in Roggenhof! Lasst euer Gepäck stehen und liegen, der kleine Schmidt wird das alles erledigen und später den Wagen in die Garage fahren. Ihr müsst euch erst einmal erholen."

„Wenn du wüsstest, was wir zuletzt noch für ein Abenteuer erlebt haben! Aber davon erzählen wir später." Ulrike Brunnhofer rieb sich den schmerzenden Rücken. „Wir sind fix und fertig. Grüß dich, großer Bruder! Schön, endlich am Ziel zu sein."

Während Helmut von Strattvitz seine Schwester umarmte, stieg Jana benommen aus dem Wagen. So etwas nannte man ja wohl ein Herrenhaus. Wieso hatten sich die Leute früher so riesige Häuser gebaut? Na ja, sie hatten eine Menge Kinder und unter einem solchen Dach lebten oft mehrere Generationen zusammen, die unverheirateten Tanten und Onkel, Vettern und Cousinen inbegriffen. Und für alles gab es Personal. So hatte die Großmutter erzählt. Jana fand es schwer sich das vorzustellen. Ihre Familie hatte aus drei Personen bestanden, die Verwandten lebten jetzt weit verstreut.

„Herzlich willkommen, Jana! Darf ich?"

Jana hatte gar nicht gemerkt, dass hinter ihr ein kleiner kahlköpfiger Mann in einer grünen Arbeitsschürze herangetreten war und nach ihrer Reisetasche griff. Dabei lächelte er sie mit so strahlenden Augen an, als habe er seit Stunden nur auf sie gewartet. Jana streckte dem Mann, der einen Kopf kleiner war als sie selbst, herzlich die Hand hin. „Oh, danke schön! Guten Tag!"

„Ich bin der kleine Schmidt. So nennt man mich schon seit meiner Kindheit. Gab immer irgendeinen großen Schmidt außer mir", stellte der Mann sich vor und begrüßte nun auch Ulrike Brunnhofer.

„Es gibt am Abend immer noch so viel zu tun. Neugierig war ich außerdem!" Er sah zuerst Ulrike Brunnhofer ungeniert an, dann wanderte sein Blick an dem großen schlanken Mädchen mit der langen goldbraunen Lockenmähne und den dunklen Augen empor. „Donnerwetter, die Haare! Könn'se mir nicht 'n bisschen was abgeben? Bei der Masse ...", sagte er lachend.

„Normalerweise hab ich sie zu einem Zopf geflochten", wich Jana aus. „Wenn's nach meiner Mutter ginge, hätte ich mich längst davon trennen müssen." Der jedenfalls ist in Ordnung, dachte sie. Mit dem kann ich sicher super auskommen.

„Jana! Willkommen auf unserer Insel!" Nun umarmte Onkel Helmut auch sie. Er sah ihr liebevoll in die Augen. „Ich weiß, dass du nicht freiwillig gekommen bist, und ich kann deine Motive verstehen. Ich kann nur hoffen, dass du dich mit der Zeit an das Leben hier auf Rügen gewöhnst und Spaß daran findest. Jetzt aber rein mit euch!" Onkel Helmut schob Jana und die Mutter energisch vor sich her die Stufen zum Eingang hinauf. „Ihr braucht euch wirklich um nichts zu kümmern. Heute noch nicht!", verbesserte er lachend.

Sie durchschritten einen Glasvorbau, in dem bequeme Korbmöbel und kleine Tischchen standen, alles war in dem gleichen Weiß gehalten, während die Kissenbezüge ein Blütenmuster in pink, in sonnengelben und orangeroten Tönen zeigten.

Jetzt betraten sie die Halle. Jana sah sich um. Schwarzweiße Fliesen auf dem Fußboden, zwei sehr alte Truhen, ein kostbarer alter Schrank. Links eine Sesselgruppe, rechts war ein kleiner Raum durch weiß gestrichene Holzwände abgeteilt, hier befand sich die Rezeption. Geradeaus schien es eine Art Bibliothek zu geben. Antik und modern kombiniert, dachte Jana. Wirklich gekonnt und echt geschmackvoll.

„Die Schlossbesichtigung heben wir uns für morgen auf", verkündete Onkel Helmut vergnügt. „Jetzt zeige ich euch erst einmal euer Reich und dann habe ich in meinem Allerheiligsten noch einen kleinen Imbiss für euch hergerichtet. Hier geht's rauf, Jana!"

Sie stiegen in den zweiten Stock hinauf, in dem sich die Privaträume der Familie befanden. Helmut ging ihnen voraus einen langen Flur entlang. Rechts und links an den weiß verputzten Wänden hingen Ahnenbilder; Männer in Ritterrüstung oder Uniform blickten mehr oder weniger streng auf den Betrachter herunter. Damen mit üppigen Hüten oder Hauben, hochgeschlossen bis zum Kinn, in dunklen Taft gekleidet oder mit Dekolletés, auf denen kostbarer Perlenschmuck schimmerte, lächelten entrückt aus ihren Goldrahmen in die Ferne.

„Sind das alles Ahnen von uns?", fragte Jana.

„Die meisten ja. Einige hab ich allerdings auch auf den Speichern alter Inselhäuser aufgestöbert. So", Helmut öffnete eine große weiße Flügeltür und lud seine Schwester ein vorauszugehen.

Jana sah, dass ihre Wohnungstür erst kürzlich eingebaut worden war, denn dahinter setzte sich der Gang fort. Rechts und links gab es mehrere Räume, geradeaus, am Ende des Ganges, blickte man durch einen schweren, mit dicken Kordeln zur Seite gerafften Vorhang direkt in den großen Wohnraum.

„Eingerichtet ist es natürlich noch nicht richtig, das möchtest du sicher selbst tun. Nur die Küche und das Badezimmer habe ich einbauen lassen", berichtete Helmut und öffnete die erste Tür an der linken Seite, hinter der sich unter der Dachschräge eine kleine, aber perfekt eingerichtete Küche befand.

„Ich dachte, es gäbe eine Hotelküche, dort wo früher die Gutsküche war?", platzte Jana heraus.

„Selbstverständlich!", sagte ihr Onkel nicht ohne

Stolz. „Mit einem hervorragenden Hotelkoch. Aber wie ich deine Mutter kenne, wird sie sich zwischendurch gern mal völlig von dem Betrieb da unten zurückziehen wollen. Und den ersten starken Kaffee morgens noch im Nachthemd trinken wollen."

„Stimmt genau. Den macht mir sowieso keiner gut genug", bestätigte Rike Brunnhofer lachend.

Neben der Küche gab es eine Art Abstellraum und Kleiderkammer. An jeder Seite befand sich – ebenfalls in die Dachschräge eingebaut – ein Kleiderschrank, außerdem Schubfächer und Regale unter dem Fenster und rechts und links von der Tür.

„Sehr praktisch. So etwas hat mir zu Hause in München immer gefehlt", stellte Janas Mutter zufrieden fest und öffnete die Tür zum nächsten Raum. „Und hier ist vermutlich das Bad."

Und was für ein Badezimmer! Vom Fußboden bis zur Decke schimmerte alles in strahlendem Weiß, nur die oberste Reihe der Kacheln zeigte eine Girlande aus grünen Blättern, ein Muster, das sich auf den Vorhängen wiederholte. Eine altmodische Badewanne auf geschwungenen Löwenfüßen stand auf einem kleinen Podest mitten im Raum, neben Töpfen mit üppigen Grünpflanzen.

„Wenn du dich jetzt umdrehst, Jana, genau gegenüber ist dein Zimmer."

Jana durchquerte den Flur und öffnete die Tür, die dem Bad gegenüber lag. Zwei große Fenster hatte das geräumige Zimmer, die wie kleine Erker aus dem Dach hinausragten. Das Bett war auf der linken Seite in die Schräge eingebaut und erinnerte an eine Schiffskoje.

„Wow! Das ist echt stark, Onkel Helmut!" Jana ließ sich mit einem Seufzer der Erleichterung aufs Bett fallen. Wie es hier auch werden würde, ihr Zimmer war jedenfalls ein Pluspunkt, wirklich ganz toll. Auch wenn es vorerst weder einen Teppich noch Vorhänge hatte. Aber das machte nichts, sich hier einzurichten musste einfach Spaß machen.

Onkel Helmut grinste breit. „Ich musste der armen auf die Insel Verbannten doch wenigsten den Kerker ein wenig angenehm gestalten! Dein Schlafzimmer, Rike, befindet sich hinter dem Wohnraum, damit du wirklich deine Ruhe hast. Für heute Nacht habe ich euch übrigens in zwei Hotelzimmern unten untergebracht. Bis ihr euch hier eingerichtet habt, könnt ihr dort wohnen. Um diese Jahreszeit sind ohnehin noch nicht viele Gäste da."

Helmuts Privaträume lagen auf der anderen Seite des Flurs, sie waren ähnlich gestaltet wie die seiner Schwester. Auf dem großen runden Glastisch wartete zwischen Bücherstapeln der versprochene Imbiss. Eine Platte mit Salaten und kaltem Fleisch und eine zweite mit mehreren Käsesorten ließen Jana alle Vorsätze, ihren Hungerstreik fortzuführen, endgültig vergessen. Während die Mutter mit ihrem Bruder Helmut sofort in ein Gespräch über das Hotel vertieft war, ertappte sich Jana dabei, dass ihr bereits beim Kauen die Augen vor Müdigkeit zufielen.

Am nächsten Morgen konnte sie sich nicht erinnern, wie sie ins Bett gekommen war. Das Erste, was sich in ihre Träume schob, war das Geräusch des Windes, der an den Fenstern rüttelte, um das Dach heulte und in den Ästen der jahrhundertealten Buchen im Park toste, dass es klang wie heranrollende Brandung. Dabei war der Himmel blitzblau, wie Jana blinzelnd feststellte. Sie kuschelte sich unter die Decke. Im Zimmer war es kühl, dieses alte Haus ausreichend zu heizen war teuer und man musste sparen, wo man konnte, hatte Onkel Helmut gestern erzählt.

Jana sah auf die Uhr. Schon halb zehn. Schnell sprang sie aus dem Bett. Mam hatte sicher längst gefrühstückt, unten im Speisesaal mit den Hotelgästen. Dass sie das besprochen hatten, daran erinnerte sich Jana noch. Wenigstens das Wasser aus der Dusche war heiß. Und nachdem sie kalt geduscht hatte, kam ihr das Zimmer nicht mehr so ungemütlich kalt vor. Zwanzig Minuten später war sie fertig und lief in den Speisesaal hinunter.

„Guten Morgen, Jana! Gut geschlafen?“ Es war der kleine Schmidt.

„Super!“, musste Jana zugeben. „Aber bitte sagen Sie doch du, Herr Schmidt, ich bin schließlich noch nicht erwachsen. Wo ist meine Mutter?“

„Die neue Chefin ist mit dem Chef im Büro. Die will ja gleich losackern hier. Sie sollen ... du sollst in Ruhe frühstücken und dich auf eigene Faust ein bisschen umsehen. Wenn du was wissen willst, frag nur. Sicher möchtest du eine Menge über Rügen wissen. Du kannst Ausflüge machen, nach Binz hinüber oder zum Jagdschloss Granitz. Das ist wieder wunderschön restauriert!“

„Danke!“ Jana schaute sich im Speisesaal um. „Das

werde ich alles noch machen. Sind die Gäste schon fort?"

„Ja, schon um halb neun. Wir hatten nur eine kleine Gruppe. Geschäftsleute, die hier auf der Insel tagen."

„Oh! Dann bin ich die Letzte. Tut mir leid!" Jana betrachtete den geräumigen Saal, der einem Wintergarten glich. Große Sprossenfenster ließen eine Fülle von Licht herein, auch hier war die Einrichtung in hellen Tönen gehalten. Durch rankende Grünpflanzen wurde der Eindruck erweckt im Garten zu sitzen.

„Futter du nur in aller Ruhe. Schließlich hast du Ferien. Da drüben ist das Büfett. Was trinkst du, Kaffee, Tee? Milch? Kakao?"

„Mann, das ist ja ein Angebot!" Jana lachte. „Tee, bitte."

„Wird erledigt." Während der kleine Schmidt in Richtung Küche davonschlurfte, häufte Jana sich am Büfett den Teller mit all den leckeren Dingen voll, die da zur Auswahl lagen. Zu ihrer Überraschung kehrte der kleine Schmidt mit einer rundlichen und ebenso kleinen Person wie er zurück, deren blondgelockter Schopf unter einer weißen Haube hervorquoll und lustig in die Stirn wippte.

„Guten Morjen! Nu muss ich mir des Mädchen ja ooch erschtemal ansehn", sagte sie in breitestem Sächsisch und streckte Jana strahlend die Hand hin. „Ich bin Mardda, die Göchin."

Zum Glück wusste Jana, dass dies Martha, die Köchin sein musste, denn Erfahrungen mit der sächsischen Sprache fehlten ihr bisher. Sie begrüßte die Frau herzlich.

Während Jana sich heißhungrig über ihr Frühstück

hermachte, zogen sich die beiden guten Geister des Hotels diskret zurück. Im Haus war es still. Nur das Geräusch des Windes in den Bäumen drang durch die geschlossenen Fenster herein und plötzlich hatte Jana das Gefühl, um hundert Jahre zurückversetzt zu sein. Sie dachte an alte Familienfotos, sah statt der kleinen Tische die lange Familientafel hier im Gartensaal, sah Gustav, den Diener, der die große Silberplatte mit Fleisch und Gemüsen herumreichte, sie sah die Urgroßmutter am Kopfende auf ihrem Stuhl mit der hohen Lehne, wie sie mit wachsamen Augen das Geschehen am Tisch verfolgte, einen Gast zum Essen nötigte, eines der Kinder zur Ordnung rief und das Hausmädchen heranwinkte um ihr leise eine Anweisung zu geben. Es war fast ein bisschen unheimlich, so stark erschien dieses Bild vor Janas Augen. Sie beeilte sich ihr Frühstück zu beenden und verließ das Haus um sich auf dem Hof umzusehen. Der Wind fuhr heftig heran und drang mit seiner Kälte bis auf die Haut. Erschrocken wickelte Jana sich in ihre Jacke. Das Rauschen der Bäume begleitete jeden Schritt, als befände sie sich am Meer, mitten in der Brandung. Ob das hier jeden Tag so war? Jana fror. Und wenn sie fror, sank ihre Stimmung auf den Nullpunkt. Sicher, die Luft war so sauber und frisch, wie sie noch nie zuvor etwas gerochen hatte. Und die Farben so klar – Staub schien es hier nicht zu geben.

Langsam schlenderte sie durch den Park und folgte einem Weg, der zu den Wirtschaftsgebäuden hinüberführte. Gleich hinter den gepflegten Parkanlagen lag, auf der Rückseite von Holundersträuchern und Fliederbüschen geschützt, der alte Kutschpferdestall, das Fachwerkhaus mit dem Strohdach, das sie auf den alten Fotos so oft bewundert hatte. Das Familienwappen über der Wagenremise, die vom Alter silbergrau gebleichten Holztüren, die steinerne Tränke, die jetzt mit Stiefmütterchen bepflanzt war. Natürlich, es gab ja keine Pferde mehr auf Roggenhof.

Jana schob den eisernen Riegel der Stalltür hoch, quietschend bewegte sie sich in den Angeln. Der Stallboden bestand immer noch aus dem altmodischen Kopfsteinpflaster. Rechts und links waren die Boxen bis in Schulterhöhe gemauert, darüber gab es hölzerne Trennwände, die erst kürzlich erneuert worden sein mussten. Jana ging langsam von einer Box zur anderen. Hatte Onkel Helmut nicht gesagt, er wolle hier Gästezimmer einbauen lassen? Eigentlich schade.

An den Wänden der ehemaligen Sattelkammer hingen wurmstichige Tafeln mit den Namen der Pferde, die hier früher einmal gelebt hatten. An einige erinnerte sie sich aus den Erzählungen der Großmutter. „Kantate", „Leda", „Prinzess", „Goldmarie". Und „August", das war das Pony der Kinder gewesen. Und dort, „Feuergeist". Der Hengst, den Tante Hedwig, die Schwester der Großmutter, geritten hatte. Hedwig hatte später nach der Flucht in den Westen eine Reitschule betrieben.

Plötzlich glaubte Jana das Scharren von Pferdehufen zu hören, verhaltenes Wiehern, zufriedenes Schnauben beim Malmen des Hafers und das Klappern von Tränkeimern. Sie sah die Boxen mit Stroh eingestreut, sah Pferdeköpfe hinter den Gitterstäben, die sich ihr neugierig zuwandten. Wie schön musste das gewesen sein, dieser Stall voller Leben! Sogar den Geruch von Heu, von schweißnassem Fell und Ledersätteln meinte sie in der Nase zu spüren.

„Hab ich doch richtig vermutet! In den Stall hat es dich gezogen!" Unbemerkt war Helmut von Strattvitz zu seiner Nichte getreten.

Jana fuhr erschrocken herum.

„Hab ich dich endlich gefunden!" Ihr Onkel schmunzelte. „Ich kann mich noch gut an ein kleines Mädchen erinnern, das bei Hedwig nicht von den Pferden fortzukriegen war. Damals hättest du am liebsten auch noch im Stall geschlafen!"

„Warum hast du die Boxen wieder herrichten lassen?", fragte Jana schnell. „Wolltest du nicht Gästezimmer hier einbauen?"

„Ach, das war auch so eine Fehlinvestition", gestand Helmut von Strattvitz ein. „Die Idee, hier ein Reiterhotel zu eröffnen. Da habe ich mich gründlich überschätzt. Na ja, vielleicht war das ja auch reine Sentimentalität. Ein Kindertraum, eigene Pferde zu haben", fügte er leise hinzu. „Ein unbezahlbarer Traum, leider."

Jana hängte sich bei ihm ein. „Warte nur, bis Mam den Laden richtig in Schuss bringt. Eines Tages ist dein Traum dann vielleicht nicht mehr so unbezahlbar."

„Ach, Jana, es gehört weit mehr dazu, als ein paar Pferde anzuschaffen und Hafer zu kaufen. Zum Beispiel ein erfahrener Pferdepfleger. Und der kostet Geld.

Und du weißt ja, die Tierarzt- und Hufschmied-Rechnungen ... Aber komm, Rike wartet auf dich. Die Umzugskisten sind gekommen, sie braucht Hilfe beim Einräumen."

Das Auspacken der Kisten und Kartons hatte Jana für eine Weile abgelenkt. Es hatte Spaß gemacht, sich für jedes Stück den richtigen Platz zu suchen, den hübschen Schreibtisch, den Schrank und die Regale einzuräumen, Fotos und Poster aufzuhängen. Auf dem Fußboden ihres Zimmers lag nun der schöne helle Berberteppich, den der Vater bei seinem Auszug zurückgelassen hatte und den Jana sich schon immer gewünscht hatte. Für ihr Münchner Zimmer war er viel zu groß gewesen, hier wirkte er wie nach Maß gemacht und dämpfte zudem das laute Knarren der hölzernen Dielen.

Die Küche hatten sie gemeinsam eingerichtet. Für

den Wohnraum und ihr Schlafzimmer wollte Mam sich ein wenig mehr Zeit nehmen.

Zwei lange einsame Wochen lagen vor Jana, denn inzwischen hatten die Osterferien begonnen. Außer den Angestellten im Haus kannte sie noch niemanden und Mam und Onkel Helmut hatten den ganzen Tag zu tun.

Den Hof kannte sie inzwischen bis in den letzten Winkel. Die zum Besitz gehörenden Felder und der Wald, die zu DDR-Zeiten einer LPG angehört hatten, einer der sozialistischen großen Produktionsgenossenschaften, waren jetzt an einen Landwirt verpachtet, dessen Hof an das Gut Roggenhof grenzte, ebenso die Ställe und Scheunen. Jana hatte einige der Leute, die dort arbeiteten, kennen gelernt und ihnen bei der Arbeit zugesehen. Aber sie war sich bald ziemlich dumm dabei vorgekommen einfach so daneben zu stehen und nichts zu tun. So lief sie kreuz und quer die Feldwege entlang, unsicher, ratlos, was sie tun sollte, den Kopf voller Heimwehgedanken. Tagelang war es düster und grau gewesen, dicke Wolkenberge waren über den Himmel gezogen, wie auf der Flucht vor der unbarmherzigen Kälte des Windes. Jana hatte sich daran gewöhnt, bis an die Nasenspitze in ihre Daunenjacke gewickelt, mit Gummistiefeln an den Füßen über die vom Regen aufgeweichten Wege zu stapfen.

Heute hatte der Wind zum ersten Mal nachgelassen, war nur noch ein leises Säuseln und Flüstern in den Bäumen. Zwischen den üppigen Wolkenkissen kam die Sonne heraus und vergoldete für Sekunden das Land. Hunderte von Vogelstimmen erfüllten die Luft, als Jana am Waldrand entlanglief, sie lärmten und zwitscherten, als wären sie froh endlich auch einmal zu Wort zu kommen. Sie singen, als könnten sie damit den Frühling herbeizwingen, dachte Jana. Sie beschloss einfach weiterzulaufen, so lange, bis sie an die Küste kam.

Bisher hatte sie der Strand nicht so gelockt, nachdem sie erfahren hatte, dass der Zugang zum Wasser durch einen breiten Schilfgürtel behindert war und man auf dieser Seite der Insel nicht baden konnte. Das, was sie an der Insel so verlockend gefunden hatte, war die Hoffnung auf weite Strandspaziergänge gewesen und die Möglichkeit im Sommer in der Ostsee schwimmen zu können. Doch das bedurfte einer längeren Fahrt. Hier in der Bucht Wasservögel im Schilf zu beobachten, darauf war sie nicht scharf. Jedenfalls nicht jetzt. Doch einmal musste sie schließlich auch diesen Bereich ihrer neuen Umgebung kennen lernen. Warum also nicht heute, da die Sonne nun einmal so verlockend schien?

Jana kam nicht bis zum Strand. Unvermutet landete sie an einem Koppelgatter. Und dahinter in einem weiten Auslauf, teils Schlammkoppel, teils Weide, dösten drei Pferde und zwei Ponys in der Sonne. Am anderen Ende der Koppel erkannte Jana einen Offenstall im Schutz mehrerer großer Buchen. Die Tiere hoben erstaunt die Köpfe und kamen neugierig näher. Es waren ein Rappwallach und zwei Stuten. Die Ältere war eine hochgewachsene, kräftige Schimmelstute, die Zweite, Jüngere, eine zierliche Fuchsstute. Sie schien scheu und nervös zu sein und wie Jana zu erkennen glaubte, war sie auf dem rechten Auge blind. Eine

Narbe wies darauf hin, dass sie einen Unfall gehabt haben musste. Dann waren da noch die zwei Ponys, das Größere ein kräftiger Brauner, seine kleine Gefährtin hatte ein schwarzweiß geflecktes Fell und eine dichte weiße Mähne, die fast die Augen bedeckte.

Jana trat nah an den Zaun heran und streckte die Hand aus. Der Rappe kam freudig heran. Warm legte sich ein Pferdemaul in die Mulde ihrer Handfläche, der Hauch der Nüstern kroch an ihrem Arm hoch. Jana bekam eine Gänsehaut, so wohlig und vertraut war das Gefühl. Vorsichtig tasteten die Lippen des Pferdes nach einem Leckerbissen. „Tut mir leid, mein Hübscher, ich habe euch nichts mitgebracht! Ich konnte ja nicht ahnen, dass ich euch begegnen würde. Aber das nächste Mal, das verspreche ich euch!"

Jana streichelte den Kopf des Rappen, kraulte ihn hinter den Ohren und fuhr zärtlich mit den Fingerspitzen unter die Mähne. Jetzt drängten auch die anderen heran. Sie wandte sich der kleinen Ponystute zu, dabei fiel ihr Blick auf die Innenfläche ihrer Hand. Sie war von einer grauschwarzen, klebrigen Schicht überzogen.

„He, seid ihr dreckig! Verhungert seht ihr nicht gerade aus, aber vom Putzen hält euer Besitzer offenbar nichts. Ihr Armen! Wartet, ich bin bald wieder da!" Sie drehte auf dem Absatz um und lief zum Roggenhof zurück. Wie gut, dass niemand sie pünktlich zum Essen erwartete, sie hatte den ganzen Tag für sich! Wenn sie sich recht erinnerte, gab es in der Sattelkammer noch einen Schrank mit altem Zubehör, vielleicht fand sich darunter auch Putzzeug. Sonst musste sie sich anders behelfen, Wurzelbürste und Lappen aus dem Besenschrank ausleihen. Und dann besaß sie auch noch eine alte Drahtbürste, die sie nicht mehr benutzte. Irgend etwas würde sich schon finden. Außerdem musste sie bei Martha altes Brot und vielleicht ein paar Äpfel schnorren. Hoffentlich hatte die Verständnis für so etwas. Aber bei der Liebe, die die Köchin den frei auf dem Hof lebenden Katzen entgegenbrachte, war das zu hoffen.

Jana hatte Glück. Nach einer Stunde kehrte sie atemlos, einen vollgepackten Rucksack auf dem Rücken, zu ihren neuen Freunden zurück. Die schienen sie schon erwartet zu haben. Zwar standen sie ein wenig entfernt am Zaun und reckten die Hälse unter dem Draht hindurch um von der Nachbarkoppel etwas von dem ersten frischen Grün zu erhaschen, aber sie musste nicht einmal rufen; eilig trabten die Pferde auf sie zu.

„Hier, meine Lieben, jetzt gibt es erst mal ein Begrüßungsgeschenk! Ganz tolle Äpfel, ein bisschen schrumpelig, aber wunderbar süß! Und da – für jeden ein Stück trockenes Brot. Den Rest gibt's nach getaner Arbeit. Na? Wer will zuerst? Du?"

Jana wandte sich dem Rappwallach mit dem zierlichen Araberkopf zu, der bei ihrer ersten Begegnung so zärtlich mit ihr geschmust hatte. Er schien sie besonders zu mögen und drängte vor den anderen heran.

„Grau wie ein Esel vor Schmutz. Mal sehen, was unter der Staubschicht zum Vorschein kommt."

Wie zu erwarten gewesen war, hatte sich in der Sattelkammer nichts Geeignetes an Putzzeug gefunden, nur ein sehr alter rissiger Sattel hing dort im Schrank, als habe man ihn nach fünfzig Jahren wieder vom Speicher geholt. Doch die Wurzelbürste im Besenschrank war fast neu, außerdem hatte Jana einen Schwamm und ein paar alte Handtücher mitgehen lassen. In zwei Flaschen hatte sie Wasser mitgebracht, denn das Wasser des Tümpels, der an die Koppel grenzte, sah nicht gerade aus, als ob es zur Reinigung geeignet gewesen wäre. Ihre alte Haarbürste und ein grobzinkiger Kamm vervollständigten die Ausrüstung.

Jana machte sich an die Arbeit. Dem Wallach schien die Prozedur zu gefallen, er lehnte sich der Bürste entgegen, ließ den Kopf entspannt hängen und schnorchelte zufrieden. Dann wurde er mit dem feuchten Schwamm bearbeitet. Augen und Nüstern ausgewischt und der letzte Schmutz aus dem Fell entfernt. Jana trat zurück und betrachtete mit schief gelegtem Kopf kritisch ihr Werk. Unter der bräunlichen Staubschicht war ein wunderschönes blauschwarzglänzendes Fell zum Vorschein gekommen. „So ein Schöner! Jetzt noch deine Mähne und dein Schweif, dann erkennt dich niemand mehr wieder."

Mähne und Schweif waren das Schlimmste. Total verfilzt. Der Meinung war auch der Rappwallach, dem allmählich die Lust am Putzen verging. Jana lief vor Anstrengung der Schweiß über den Rücken, doch sie gab nicht auf. Ängstlich besorgt, dem Rappen mit der ekelhaften Zieperei nicht weh zu tun, umklammerte sie Strähne für Strähne mit der Linken und hackte millimeterweise die Haarknoten heraus. „O Mann! Da hab ich mir ja was vorgenommen! Und das noch viermal! So, mein Junge, du bist fertig. Hier, kriegst noch was zur Belohnung." Erschöpft wischte sie sich die feuchten Strähnen aus der Stirn, während der Rappe zufrieden auf dem trockenen Brotkanten kaute, den sie ihm gegeben hatte.

Das erregte den Neid des größeren Ponys. Der Braune mit dem lustigen kreisrunden weißen Fleck auf der Stirn schien ein richtiger Frechdachs zu sein. Das Pony drängte heran und versuchte dem Kollegen den Leckerbissen wegzuschnappen.

„Aha, du möchtest jetzt drankommen! Gut."

Zwar hatte Jana für einen Augenblick daran gedacht das Putzen der anderen auf den nächsten Tag zu verschieben, aber ehe sie sich's versah, fuhr ihre Hand mit der Bürste in kräftigen Strichen über Hals und Rücken des braunen Ponys. Das beschäftigte sich mittlerweile damit Janas Rucksack auf seinen Inhalt zu untersuchen. Und als es nichts Nahrhaftes erwischte, begann es ärgerlich eines der Handtücher in schmale Verbandsstreifen zu zerlegen. Dabei stand es nicht eine Sekunde still.

„Oh, du willst mir helfen! Gut! Ich liebe denkende Mitarbeiter! Die Stoffstreifen kann ich gut gebrauchen."

Jana nahm zwei der Streifen, drehte sie zu einer Kordel und zog sie durch das Halfter des Ponys. So konnte sie es am Zaun anbinden und brauchte nicht mehr ständig hinter ihm herzulaufen. „Siehst du? Funktioniert spitzenmäßig. Du läßt dir echt was einfallen."

Allmählich bekam sie Übung. Das würde morgen einen Muskelkater geben! Was wohl der Besitzer für Augen machen würde, wenn er seinen Vierbeinern die abendliche Futterration brachte. Dass er sie nachts hier draußen ließ, war klar, sonst wären sie kaum so schmutzig gewesen. Aber dass die Tiere so gut im Futter waren, bewies andererseits, dass sie nicht nur von Heu und Gras lebten. Jana wusste nicht viel von Offenstallhaltung. In dem großen Münchner Reitstall war das kein Thema gewesen, im Gegenteil. Viele Reiter hatten ihre kostbaren Dressur- und Springpferde nicht einmal für Stunden auf die Koppel gelassen, aus Angst, sie könnten sich dort verletzen und beim nächsten Turnier nicht einsatzbereit sein.

Wem die Pferde und Ponys wohl gehörten? Vielleicht einem Reitstall, der seine Pferde im Sommer an Feriengäste vermietete? Schlecht ging es ihnen jedenfalls nicht, sonst wären sie nicht so friedlich gewesen, voller lebhafter Neugierde, vertrauensvoll und verspielt. Misshandelt oder schlecht geritten wurden die sicher nicht.

Vielleicht gehörten sie ja auch Kindern, die mit ihren Eltern während der Osterferien verreist waren und die Aufsicht über die Pferde jemandem übertragen hatten, der zu faul war sie zu putzen? Das könnte auch sein, dachte Jana und gratulierte sich zu ihrem Scharfsinn. Beneidenswert, eine Familie, die sich drei Pferde und zwei Ponys leisten konnte! Nun gut, wenn der- oder diejenige, die die Versorgung der Tiere übernommen hatte, keine Lust hatte sich um sie zu kümmern, konnte sie das ja ruhig übernehmen.

Das kleinere Pony brauchte dringend etwas für sein triefendes Auge. Die homöopathischen Augentropfen vielleicht? Nein, sie wusste nicht, ob die für Pferde

2 10506-4

geeignet waren. Vielleicht kannte Onkel Helmut ein Medikament, er verstand ja einiges von Pferden.

„Okay, meine Lieben, ich muss gehen. Morgen komme ich wieder. Macht's gut und passt auf euch auf. Hier ist noch was zum Abschied." Sie verteilte die Reste des trockenen Brotes, streichelte jeden noch einmal liebevoll und ging davon. Über vier Stunden hatte die Aktion gedauert. Jetzt spürte sie jeden Knochen im Leib. Aber was machte das schon. Zum erstenmal seit Wochen fühlte sie sich wieder zufrieden und richtig glücklich. Nicht zu fassen, wie vieles sich an einem Tag verändern konnte! Wenn sie schon hierbleiben musste, ließ sich die Verbannung wesentlich leichter in der Gesellschaft von Pferden und Ponys ertragen. Mam und Onkel Helmut wollte sie vorerst nichts von ihren neuen Freunden erzählen. Martha und der kleine Schmidt würden dicht halten. Vielleicht wussten die etwas über die Besitzer der Pferde?

In ihrem Zimmer angekommen kramte Jana als Erstes in einer der noch unausgepackten Kisten, die sie eigentlich hatte auf den Speicher verbannen wollen, nach ihren Pferdebüchern. Sachbücher über das Reiten, über Pferdepflege und Pferdeaufzucht hatte sie sich vor Jahren zu jeder Gelegenheit gewünscht. Wie gut, jetzt diesen Schatz zu besitzen! Sofort vertiefte sie sich in das erste, einen reich bebilderten Band.

Gerade noch rechtzeitig fiel ihr ein, dass Mam vermutlich jeden Augenblick heraufkommen und den intensiven Pferdegeruch wahrnehmen würde. Jana ließ alles stehen und liegen, riss sich die schmutzigen Sachen herunter und verstaute sie samt den Pferdebüchern in der hintersten Ecke des Schranks. Zwei Minuten später stand sie unter der Dusche, mit dem festen Vorsatz ihre Mutter dadurch abzulenken, dass sie vor dem Abendessen schnell noch die Vorhänge im Wohnzimmer aufhing. Mam nur nicht misstrauisch werden lassen!

Von nun an verbrachte Jana jede freie Minute bei den Pferden auf der Koppel. Das Wetter hatte sich gebessert, strahlender Sonnenschein ließ die Temperatur auf fast sommerliche Grade ansteigen und bescherte der Natur Farben, wie man sie in solcher Klarheit und Leuchtkraft nur in der sauberen Luft der Insel erleben konnte.

Jana nahm sich eine Decke und etwas zu lesen mit, ließ sich von Martha ein Lunchpaket geben, wie die es hin und wieder für die Pensionsgäste des Hotels herrichtete, dazu Brot, Karotten und Äpfel für die Pferde. Im Rucksack steckten Putzzeug und Wasserflaschen. Und da alles in allem ein beträchtliches Gewicht zusammenkam, wenn man den Weg zu Fuß bewältigen musste, hatte sie sich vom kleinen Schmidt eins der Fahrräder ausgeliehen, die Onkel Helmut für die Hotelgäste angeschafft hatte. Darauf konnte sie bequem alles unterbringen. Am Anfang war sie beunruhigt gewesen, ob nicht plötzlich der Besitzer der Pferde auftauchen und sie zur Rede stellen würde. Doch da sich den ganzen Tag niemand blicken ließ, gewöhnte sie sich an den Gedanken, dass die Pferde frühmorgens und abends mit Futter versorgt wurden und man sich sonst nicht weiter um sie kümmerte.

Wie sie wohl hießen? Jana begann sich passende Namen auszudenken, ließ es dann aber. Denn schließlich hatte jedes von ihnen bereits seinen Namen und vielleicht würde sie sie eines Tages erfahren.

Das Putzen der Pferde besorgte Jana morgens gleich als Erstes, wenn die Luft noch kühl war. Heute versprach der Tag warm zu werden und sie beeilte sich, zur Koppel hinauszukommen. Sie sah erst auf, als sie das Koppelgatter erreichte.

Ihre kleine Herde hatte sich von fünf auf sieben Tiere erhöht. Bei den anderen grasten in respektvollem Abstand zwei junge Haflinger, vielleicht zwei oder drei Jahre alt. Beide hatten mehrere frisch verheilte Wunden am Körper. Jana beobachtete, wie die Schimmelstute die beiden Neuen hin und wieder argwöhnisch beobachtete und warnend die Ohren anlegte, wenn sie ihr zu nahe kamen. Die Haflinger wichen sofort höflich zurück. Sie brachte den beiden offensichtlich rechtzeitig bei, wer hier der Boss war, und dass sie sich in der Rangordnung gefälligst mit dem Platz hinter der kleinen Gescheckten zufrieden geben mussten. Einer der beiden Haflinger hatte sich eine fast verheilte Beinwunde aufgerieben, vielleicht weil die dicke Schorfschicht ihn gejuckt hatte. Zum Glück hatte Jana ihre Ausrüstung gerade gestern um ein paar weitere Hilfsmittel aufgestockt, zu denen auch Heilsalbe und ein Desinfektionsmittel gehörten. Doch so leicht, wie Jana es sich vorgestellt hatte, war es nicht, an den verletzten Haflinger heranzukommen. Zunächst einmal bedrängten ihre einheimischen Freunde sie so energisch, als wollten sie sagen: Die gehören nicht zu uns, also brauchst du ihnen auch nichts zu geben! Sie kreisten Jana ein, als wollten sie sie daran hindern zu den beiden Jungpferden hinüberzugehen. So blieb ihr nichts anderes übrig, als fast alle ihre Leckerbissen auf einmal zu verteilen um die lästige Schar abzulenken. Natürlich reservierte sie einen kleinen Vorrat für die beiden Haflinger. Und den brauchte sie, denn erst einmal wichen die beiden scheu vor ihr zurück und schnorchelten nervös, jede Sekunde zur Flucht bereit.

Leise und beruhigend sprach Jana auf die beiden Haflinger ein. Sie redete einfach drauflos, erzählte, was ihr durch den Kopf ging, und allmählich schienen sich die verängstigten Tiere beim Ton der gleichmäßig-sanften Stimme zu entspannen. Jana nahm ein Stück Apfel aus der Jackentasche, wo sie ihre Lockmittel vorsorglich verstaut hatte, legte es auf die flache Hand und hielt es den beiden hin. Der Kleinere fasste Mut. Er reckte den Hals, so weit es nur ging, um das Apfelstück zu erreichen. In ihrem Rücken spürte Jana die Konkurrenz eifersüchtig heranrücken.

„Bleibt ja, wo ihr seid, oder wir kriegen Ärger, okay?", sagte sie so energisch, wie es mit gedämpfter Stimme möglich war.

Der kleine Haflinger wurde mutig. Offenbar fühlte er sich durch das Mädchen, das sich zwischen ihn und die anderen Pferde gestellt hatte, beschützt. Jedenfalls schnappte er sich blitzschnell das Apfelstück und trabte davon.

„Na, siehst du! Und jetzt eines für dich, mein Hübscher. Komm, komm her!", wandte sie sich an den anderen.

Vorsichtig kam der zweite Haflinger einen Schritt auf sie zu. Gerade als er sich das Stück Apfel schnappen wollte, bog das braune Pony mit einer schlangenhaften Bewegung seinen Hals um Janas Hüfte, reckte den Kopf und holte sich mit gespitzten Lippen den Leckerbissen. Jana fuhr so heftig zu ihm herum, dass er und seine Gefährten wie vom Donner gerührt erschreckt einen Satz rückwärts machten und dort wie in den Boden gestampft auf der Stelle verharrten.

„Ja kruzitürkennochamol! Zifixluja! Schleicht's euch jetzt, aber dalli!", schrie Jana in schönstem Bayerisch.

Das wirkte. Erschrocken und auch ein wenig beleidigt trotteten sie davon. Für die nächste Viertelstunde kam keiner von ihnen mehr in ihre Nähe.

Auf den Haflinger hatte der Ausbruch eher die gegenteilige Wirkung. Er sah Jana interessiert an, als überlege er, wo sie sich schon einmal begegnet sein könnten.

Jana musste lachen. „Gell, das hört sich vertraut an! Na komm, hab keine Angst. Lass mich deine Wunde anschauen."

Ein weiteres Apfelstück überzeugte den Wallach vollends davon, dass er hier nichts zu fürchten hatte. Während er es genüsslich zerkaute, ließ er es zu, dass das Mädchen begann seinen Hals zu kraulen und ihm zärtlich den Rücken zu klopfen. Aus der Nähe betrachtet war die blutige Stelle nicht schlimm: ein wenig der Schorf aufgekratzt, wie sie vermutet hatte. Sie konnte sie leicht mit dem Spray desinfizieren. Während die Linke weiterstreichelte, zog sie mit der Rechten die Dose, von der sie bereits vorsorglich den Verschluss entfernt hatte, aus der Jackentasche, schüttelte sie kurz und richtete den Strahl auf die Wunde. Das Pferd zuckte erschreckt zurück.

„Bissel kalt, gell? Ja, geh her, bist a Braver. Ganz a tapferer Bursch! Gleich kriagst no wos Feins!", probierte sie es noch einmal mit dem heimischen Dialekt. Es wirkte.

Zur Belohnung bekam der Patient noch ein Stück Möhre und nun fand sich auch der zweite Neuling wieder ein, um seinen Teil der Leckereien in Empfang zu nehmen und sich dabei dieses Mädchen, das in so vertrauten Tönen sprechen konnte, aus der Nähe anzusehen. Und er ließ es sich gern gefallen, dass sie ihm zärtlich unter die Mähne griff und ihn kraulte.

Super!, dachte Jana amüsiert. Mit denen muss man bayerisch reden, dann funktioniert es. Na, wenn's weiter nichts ist, das könnt ihr haben!

„Jetzt schleicht's eich, Buam, jetzt san die Kollegen dran. Die san no net putzt." Mit einem zärtlichen Klaps verabschiedete sie ihre neuen Freunde und wandte sich den anderen zu.

Hinter ihr lachte jemand. Jana sah sich erschrocken um. Da stand hinter dem Zaun ein Junge von fast zwei Metern Länge und starrte sie neugierig an.

„Sind das deine Pferde?", fragte sie stotternd.

„Nein. Deine etwa?"

„Nein, ich ... ich habe nur mit ihnen gespielt und mich ein bisschen um sie gekümmert."

„Warum sprichst du mit denen so komisch?"

„Wie ... komisch?"

„Klang irgendwie ausländisch."

„Ich spreche mit ihnen in ihrer Heimatsprache. Bayerisch. Das mögen sie. Tiroler Dialekt kann ich leider nicht."

„Aha ..." Mehr fiel ihm offensichtlich nicht ein. Er starrte Jana an, als sei sie eben aus einer vom Mars gelandeten Raumkapsel gestiegen. „Ja, also dann ..." Damit schwang er sich auf sein Fahrrad und fuhr davon.

Komischer Typ, dachte Jana verwirrt. Eigentlich ganz sympathisch. Jedenfalls sind es nicht seine Pferde. Und er scheint auch nicht zu wissen, wem sie gehören. Oder doch? Die Art wie er gesagt hat: ‚Deine etwa?' klang so ... so rechthaberisch. Als ob er wüsste, dass ich hier eigentlich nichts zu suchen hab. Na ja, jetzt ist er weg. Er hat nicht den Eindruck gemacht, als zöge er los um mich bei irgendjemandem anzuschwärzen. Also, mach dich an die Arbeit, Jana, sonst wirst du nie mehr fertig.

Der Junge ließ sich nicht mehr blicken. Und auch sonst niemand. Die nächsten drei Tage konnte sie sich ungestört ihren vierbeinigen Freunden widmen und es machte ihr Spaß zu beobachten, wie reibungslos sich die ‚Einheimischen' an die Haflinger gewöhnt hatten und sie bei sich duldeten, solange sie die Rangordnung respektierten. Die Schimmelstute war offensichtlich das Leittier. Nach ihr kamen die Fuchsstute und der Rappwallach, gefolgt von dem braunen Pony und der kleinen Gescheckten. Als Schlusslichter die beiden Südtiroler.

Sieben Pferde zu putzen war ein schönes Stück Arbeit und oft nahm Jana ihre Lektüre ungelesen wieder mit nach Hause, weil die Zeit nicht ausgereicht hatte. Trotzdem fühlte sie sich wohl. Die Sonne schien, überall duftete es nach Wiesenblumen und frischem Gras, der Wind wehte und ließ die Blätter an Bäumen und Büschen leise flüstern und Jana vergaß, ständig an München zu denken. Wenn sie nicht mit Pferdeputzen beschäftigt war und sich einen Augenblick in der Sonne ausstreckte um zu lesen oder zu träumen, näherte sich ihr sicher von irgendwoher ein Pferdemaul, das sie zärtlich anstupste. Dunkle Augen sahen sie bittend an um sie zum Spielen aufzufordern.

Janas einzige Sorge war die Schule. Das Ende der Ferien kam heran, vom kommenden Montag an würde sie jeden Tag nach Bergen ins Gymnasium fahren. Dann waren die Hausaufgaben zu erledigen, sie würde lernen müssen ... Wie viel Zeit würde ihr da noch bleiben sich um die Pferde zu kümmern? Und dann war da diese andere Angst, die sie bisher verdrängt hatte: was wäre, wenn die Familie, der die Pferde gehörten, jetzt aus den Ferien zurückkehrte und sich wieder selbst um ihre Schützlinge kümmerte?

Am Samstagmorgen wachte Jana zwei Stunden früher auf als sonst. Die ersten Strahlen der Morgensonne tauchten die Wipfel der Bäume im Park in tiefes Goldrot. Die Vögel waren längst erwacht und feierten den Frühlingsmorgen mit einem vielstimmigen Konzert. Sogar ein Kuckuck war zu hören. Ein Morgen zum Ausflippen, dachte Jana. Und auf jeden Fall zu schade um ihn im Bett zu verpennen. Leise stand sie auf und schlich ins Bad. Bald darauf verließ sie das Haus. Der Mutter hatte sie einen Zettel in die Küche gelegt: zum Frühstück wäre sie wieder da, wolle nur den schönen Sommermorgen ein wenig genießen. Mam würde damit zufrieden sein. Sie hatte so viel im Hotel zu tun, dass sie kaum je dazu kam genauer nachzufragen, was Jana an den langen Ferientagen eigentlich machte. Sie war schon froh zu wissen, dass ihre Tochter trotz Heimweh und Zorn offensichtlich bei bester Laune und Gesundheit war.

Jana hatte ihre Ausrüstung aufs Fahrrad gepackt und fuhr am Waldrand entlang den Koppeln entgegen. Was für ein Morgen! Eigentlich sollte man jeden Tag so früh aufstehen, dachte sie. Man verpasste sonst die schönsten Stunden. Es war, als gehöre die ganze Insel nur ihr allein. Die Vögel sangen nur für sie, Bäume, Büsche, Gräser wiegten sich im frischen Wind, als neigten sie sich ihr zur Begrüßung entgegen. Und was da jetzt alles blühte! Weiße und himmelblaue Anemonen und dunkelviolette Veilchen bedeckten den schattigen Waldboden. Und Hunderte von Löwenzahnblüten reckten sich auf den Wiesen und an den Wegrändern dem Licht entgegen.

Jana war so in den Augenblick versunken, dass sie erschrak, als sie plötzlich am Weiterfahren gehindert wurde. Vor ihr auf dem Weg stand die kleine gescheckte Ponystute und rupfte sich zufrieden die saftigen Kräuter heraus, die es hier am Waldrand zu finden gab.

„He! Was machst du denn hier! Ist der Koppelzaun kaputt oder habt ihr das Tor aufgedrückt?"

Jetzt entdeckte sie nicht weit entfernt auch die anderen, die sich zum Teil im Wald auf die Suche nach besonderen Leckerbissen gemacht hatten, zum Teil am Wegrand grasten. Jana sprang vom Rad und lehnte es gegen einen Baum. Bevor sie damit beginnen konnte die Ausreißer einzufangen, musste sie erst einmal prüfen, wo sie entkommen waren.

Sofort war sie von ihren vierbeinigen Freunden umringt. Saftige Blätter und Kräuter waren gut, aber Brot, Möhren und Äpfel schmeckten besser und keiner wollte leer ausgehen, wenn das Mädchen ihre Schätze verteilte. Jana kam sich vor wie der Rattenfänger von Hameln, als sie ihre vierbeinigen Freunde durch das weit offen stehende Gatter bis in die Mitte der Koppel lockte, wo sie die Pferde mit den mitgebrachten

Leckereien allein ließ um sie schleunigst wieder einzusperren.

Sie war so damit beschäftigt das schwere Gatter in seine Verankerung zu heben, dass sie den alten Mann mit den schneeweißen Haaren erst im letzten Augenblick entdeckte. Er lag wenige Meter von ihr entfernt im Gras neben dem Zaun der Nachbarkoppel am Boden, hatte die Augen halb geschlossen und rührte sich nicht.

Im ersten Moment dachte Jana erschrocken, er sei tot. Zögernd kniete sie neben ihm nieder, nahm seine Hand und fühlte seinen Puls. Was sollte sie tun? War er gestürzt? Hatte er sich dabei verletzt? Äußerlich sah man ihm nichts an. Eine Gehirnerschütterung vielleicht? Dann durfte sie ihn nicht bewegen, das wusste sie. Sicher war es besser jemanden zu Hilfe zu holen. Aber konnte sie ihn hier einfach so liegen lassen? Noch bevor Jana zu einem Entschluss kam, schlug der alte Herr die Augen auf. Verständnislos sah er dem Mädchen ins Gesicht.

„Wie fühlen Sie sich? Können Sie aufstehen?“, fragte Jana scheu. „Sie müssen ohnmächtig geworden sein. Kann ich Ihnen irgendwie helfen?“

Langsam schien der alte Herr sich zu erinnern, wo er war. „Ja, ich ... ich ... ein Schwächeanfall offenbar“, stammelte er verwirrt. „Ich wollte die Pferde zum Grasen auf die andere Koppel lassen, da wurde mir plötzlich schwindlig. Tut mir leid, dass ich dich erschreckt habe ...“ Ächzend richtete er sich auf. „Wo sind die Pferde?“

„Die sind alle da. Ich hab sie wieder eingefangen“, beruhigte Jana ihn.

Der alte Herr lächelte leicht. „Danke! Ich habe es nicht übers Herz gebracht die Pferde noch länger im Paddock zu lassen! Das Gras ist jetzt hoch genug. Wenigstens für eine Stunde sollten sie weiden, bei dem herrlichen Wetter."

„Dann sind das also Ihre!", rief Jana überrascht aus. „Und ich dachte ... Ich sollte Sie jetzt vielleicht lieber heimbringen, ja? Glauben Sie, dass Sie aufstehen können?"

„Ich denke, das schaffen wir schon. Wenn ich mich ein bisschen auf dich stützen darf ..." Langsam kam er auf die Füße und hielt sich, leicht schwankend, am Zaun fest.

„Danke. Ich bin wirklich ekelhaft schlapp heute. Tut mir leid, junge Dame, dass ich dir so viel Mühe mache."

„Kein Problem. Ich bin so froh, dass ich endlich weiß, wem die Pferde gehören! Und dass es so'n netter Typ ist ..." Jana wurde rot. „Ich meine, jemand, der echt sympathisch ist und dem man ansieht, dass ihm die Pferde wichtig sind. War ja eigentlich nicht in Ordnung, dass ich mich einfach so eingemischt hab und mich um die Pferde gekümmert und ihnen auch mal was mitgebracht habe. Aber immer nur hartes Brot und Rüben und manchmal ein paar Äpfel!"

„Danke für das Kompliment und auch für deine Hilfe!", sagte der alte Herr schwach und seine Hände klammerten sich Halt suchend um den Pfosten des Gatters. „Lass uns gehen. Dort entlang." Vorsichtig tat er die ersten Schritte, doch es ging besser, als Jana gedacht hatte. „Dann bist du also die geheimnisvolle gute Fee, die meine Pferde so aufopfernd geputzt und gepflegt hat. Wölfchen und sein Bruder haben mir das erzählt. Sie haben dich wohl heimlich beobachtet."

„Wölfchen? Ist das diese Telegraphenstange?"

Der alte Herr lachte. „Er und sein Bruder Klaus helfen mir auf dem Hof und versorgen die Pferde, wenn ich auf Reisen bin. Bei der letzten Reise bin ich mal wieder schwach geworden und habe Zuwachs für meinen Stall mitgebracht. Und es scheint, du ersparst den beiden das Heimweh, indem du mit ihnen in ihrer Sprache sprichst, hat mir Wölfchen erzählt."

„Das hat er gesagt? Echt?" Jana musste lachten. „Er hat mich erst für eine Ausländerin gehalten. Ich bin Jana Brunnhofer aus München und wohne seit kurzem mit meiner Mutter in Roggenhof bei meinem Onkel."

„Und ich bin Balthasar Neumann. Für den Balthasar kann ich nichts, eine Marotte meiner Mutter, die dem langweiligen Namen Neumann ein wenig Glanz verleihen wollte. Zu den bedeutenden Kunstwerken wie mein berühmter Namensvetter habe ich es leider nicht gebracht. Ich bin nur Schauspieler."

„Darum kam mir Ihr Gesicht so bekannt vor!", platzte Jana heraus. „Ich glaube, ich habe Sie schon im Fernsehen und in Filmen gesehen. Ist ja irre."

„Na, hoffentlich warst du mit mir zufrieden."

„Fürs Fernsehen zu arbeiten würde mir auch gefallen. Da muss man doch unheimlich Kohle machen."

„Nun ja, wenn man viel zu tun hat, verdient man nicht schlecht. Ich könnte mich zur Ruhe setzen, wenn ich nicht dieses teure Hobby hätte ..."

„Hobby?" Jana sah ihn an.

„Pferde, die in Not sind, zu kaufen um ihnen das Leben zu retten. Nicht in allen Fällen gelingt es mir, dann auch für meine Schützlinge gute Plätze zu finden. So bleiben sie bei mir hängen. Das ist nicht ganz einfach für mich, wie du dir denken kannst." Der alte Herr hustete heftig. „Lass uns ein wenig auf der Bank dort verschnaufen. Erzähl mir von dir. Wie hat es dich nach Rügen verschlagen?"

Balthasar Neumann hatte sich nach einiger Zeit so weit erholt, dass sie weitergehen konnten. Der Weg führte leicht bergauf, für Jana kaum der Rede wert. Mit ihren Erzählungen versuchte sie Neumann abzulenken, beobachtete ihn aber besorgt bei jedem Schritt.

Als sie die Höhe erreicht hatten, blieb der Schauspieler stehen und wies mit großer Geste in die Weite. „Dort drüben, siehst du, das ist Uhlenhof. Ein behagliches kleines Haus mit einem Garten, einem Pferdestall, einer Scheune – nicht groß, aber es ist mein ganzes Glück."

Jana blickte überrascht auf. Vor ihr, wie in einem Nest zwischen Koppeln und Feldern, lag ein altes Fischerhaus mit tief gezogenem Strohdach, umgeben von einem bunten Bauerngarten, in dem dichte Büschel von Narzissen und Tulpen in allen Farben leuchteten.

Der kleine Hof und der seitlich angrenzende Pferdestall wirkten äußerst gepflegt. Aber was Jana vor allem beeindruckte: von hier aus sah man über den ganzen Bodden bis hinüber zur anderen Seite! Freilich war der Zugang zum Wasser durch einen Schilfgürtel erschwert, doch was bedeutete das schon im Vergleich zu der glitzernden weiten Wasserfläche!

„Es ist einfach wunderschön!", sagte Jana aus tiefstem Herzen.

Jetzt führte der Weg sanft bergab. Auch schien sich ihr Patient angesichts des nahen Zieles besser zu fühlen, sie hatten die letzte Strecke bald bewältigt. Bald standen sie vor einem hübschen Holztor, das in die niedrige Mauer aus groben Feldsteinen eingelassen war, die – wie Jana jetzt sah – das gesamte Anwesen umgab. Geradeaus hinter dem weiten Hofplatz lag das Wohnhaus mit seinen hübschen weiß gestrichenen Butzenscheibenfenstern und leuchtend blauen Fensterläden. Rechts war das Haus von einer zum Hof hin offenen Wagenremise flankiert, die als Garage diente und Teil der anschließenden Scheune war. Auf der linken Seite des Wohnhauses war der Hof durch den

Pferdestall begrenzt, dessen Boxen sich zu kleinen Paddocks hin öffneten. Jana war überrascht, auch hier ein paar Pferde zu sehen. Alle Gebäude waren bis unters Dach mit Efeu, Glyzinien und Klematis bewachsen. Spatzen lärmten in der dichten Berankung.

„Wie aus dem Märchen!", stellte Jana mit leuchtenden Augen fest. „Hier muss man ja einfach glücklich sein!" Sie hatte nicht geahnt, dass ihr Kommen beobachtet wurde. Nun sah sie links hinter dem Tor einen etwa vierzehnjährigen Jungen stehen, wie zu einer kriegerischen Statue erstarrt, nur dass er kein Schwert durch die Luft schwang, sondern einen alten Drahtbesen, mit dem er eben den sandbestreuten Hof geharkt hatte.

„Was ist los? Trainierst du für die Weltmeisterschaft im Tennisballschlucken?", sprach Jana ihn an. „Na los, hilf mir!"

Der Junge erwachte aus seiner Erstarrung und kam herüber. „Was ist denn passiert?"

„Herr Neumann war ohnmächtig. Ich habe ihn an der Koppel gefunden."

„Es ging ihm schon die letzten Tage so beschissen. Seit er aus Bayern zurück ist. Sie hatten Nachtaufnahmen in den Bergen, hat er erzählt. Irre kalt und anstrengend. Und dann noch die Sache mit den Haflingern ..."

„Das musst du mir dann mal genauer erzählen. Jetzt hilf mir ihn ins Haus zu bringen."

Der Junge griff dem alten Herrn auf der anderen Seite unter den Arm und sie führten ihn ins Haus.

„Gibt's hier jemanden, der sich um ihn kümmert?", fragte Jana.

„Nein. Nur Wölfchen und mich."

„Dann bist du also Klaus."

Der Junge nickte. „Einmal in der Woche kommt Frau Kruse aus dem Dorf zum Putzen. Sie nimmt die Wäsche zum Waschen mit und die Einkaufsliste, was im Haushalt so fehlt. Aber die ist erst Mittwoch wieder dran."

„Die Einkaufsliste?"

„Frau Kruse."

„Du kennst dich hier aus, wo ist sein Schlafzimmer?"

„Treppe hoch und dann rechts. Wird höchste Zeit, dass er ins Bett kommt. Ich werd Doktor Butenfeld anrufen. Das ist unser Arzt."

Gemeinsam brachten sie den alten Herrn in sein Schlafzimmer. Sie mussten ihn fast tragen, so geschwächt war er. Wie erlöst ließ er sich auf sein Bett fallen. Jana zog ihm die Schuhe aus und deckte ihn mit einer Wolldecke zu, während Klaus zum Telefon ging um den Arzt anzurufen. Gleich darauf kam er zurück. „Unterwegs. Der ist erst heute Abend zurück, sagt seine Frau. Aber dann kommt er noch vorbei."

„Wadenwickel! Wir müssen ihm Wadenwickel machen!", fiel Jana ein. „Damit das Fieber runtergeht. Kalte nasse Tücher und dann was Trockenes außen rum. Kannst du das organisieren?"

„Logisch."

Ganz so logisch war das nicht, wie sich herausstellte, denn die Vorstellungen des Jungen, was man zur Herstellung von Wadenwickeln brauchte, war einigermaßen realitätsfern. Zunächst einmal schaffte er aus dem Stall eine riesige Zinkwanne herbei um sie mit kaltem Wasser zu füllen. Jana sah ihn kopfschüttelnd an.

„Hast du nichts Kleineres? Warum denn das Riesending?"

„Sie ist gerade so schön sauber, ich hab sie vorhin geputzt. Und hier – für die Wickel." Aus einem Plastiksack, den er in der Wanne anschleppte, holte er zwei weiße Turnier-Bandagen und zwei dicke, gepolsterte Transportgamaschen.

„Mann! Er ist doch kein Pferd!", sagte Jana empört. „Ich brauche zwei ganz normale Handtücher und irgendwas zum Drumtun, damit das Bett nicht nass wird. Frottiertücher oder meinetwegen auch Plastik."

„Im Haushalt kenne ich mich nicht aus, nur im Stall", verteidigte sich Klaus beleidigt. „Wadenwickel! So was haben wir hier noch nie gebraucht."

Jana sah ihn mit gutmütigem Spott an, während sie zum Schrank ging um nach Handtüchern zu suchen. „Das nehm ich dir nicht ab. Ich wette mit dir, dass deine Mutter dir Wadenwickel gemacht hat, wenn du Fieber hattest. Vielleicht warst du lange nicht krank."

„Ich hasse die kalten Dinger", murmelte Klaus und fügte laut hinzu: „Außerdem bin ich nie krank!"

„Wie schön für dich. Hier, fang auf. Da haben wir alles, was wir brauchen. Jetzt noch einen Eimer oder eine Schüssel. Schau im Badezimmer nach. Und eiskaltes Wasser!"

Diesmal klappte es. Jana schlug die Bettdecke des Patienten zurück und wickelte die mit kaltem Wasser getränkten Handtücher um die Waden des alten Mannes.

„Der zuckt nicht mal zusammen!", stellte Klaus staunend fest. „Echt hart im Nehmen. Irre!"

„Kannst mal sehen, ein wahrer Held. Jetzt die Frottiertücher. Halt mal seine Füße hoch. Nicht so hoch, du sollst doch keinen Trockenschwimmkurs mit ihm machen. Gut, alles erledigt, lass ihn runter."

Jana deckte den alten Herrn liebevoll zu und setzte sich an seine Seite.

„Er wird Durst haben. Sicher hat er noch nicht gefrühstückt", meinte Klaus.

„Frühstück!" Jana fuhr hoch. „Verdammt, wie spät ist es?"

„Gleich zehn vorbei."

„Ich muss telefonieren. Oder nein, du musst für mich telefonieren, dann ist es nicht so schlimm. Ruf im Roggenhof an, frag nach Frau Brunnhofer, das ist meine Mutter, und erklär ihr, was passiert ist. Aber nichts von den Pferden verraten, kapiert? Sag ihr einfach, dass ich Herrn Neumann ohnmächtig gefunden habe und dass ich mich um ihn kümmern muss."

Klaus maulte, doch nach einigem guten Zureden trottete er davon. Dass der Ärger einer Mutter manchmal leichter zu besiegen war, wenn ein anderer die Vermittlung übernahm, wusste er aus eigener Erfahrung. Das sah er ein.

Die Nachricht von der Erkrankung des beliebten Schauspielers verbreitete sich bei den Nachbarn wie ein Buschfeuer – zumal Klaus auch seinem Bruder Wolfgang Bescheid gesagt hatte, der sich im Sonntagsdienst bei den Pferden mit ihm ablöste. Bald strömten die Helfer aus allen Richtungen herbei. Janas Mutter, ihr Bruder, die Eltern von Wölfchen und Klaus, Frau Kruse, Pastor Hasenschrot und seine Frau Barbara drängten sich im Schlafzimmer des Kranken und übertrumpften sich gegenseitig mit guten Ratschlägen, während Jana von Zeit zu Zeit die Wadenwickel erneuerte.

„Wollt ihr euch nicht lieber unten unterhalten? Der Lärm stört ihn, glaube ich", sagte Jana vorwurfsvoll.

Erschrocken sahen sich die Besucher an.

„Du hast recht, Kind. Wir benehmen uns hier wie die aufgescheuchten Hühner", gestand Rike Brunnhofer beschämt ein.

„Und etwas Kühles zu trinken sollte er haben, ich kümmere mich darum. Kommen Sie, Frau Brunnhofer", sagte Helga Malchow, die Mutter von Wolfgang und Klaus, und hängte sich freundschaftlich bei ihrer neuen Nachbarin ein, während sie aus dem Zimmer gingen. „Ein trauriger Anlass, der uns hier zusammenführt, aber ich freue mich trotzdem Sie endlich kennen zu lernen!", hörte Jana sie auf der Treppe sagen.

„Tja, und ich muss dringend zurück ins Hotel", verabschiedete sich Janas Onkel und machte eine kleine Verbeugung zum Bett des Kranken hin. „Gute Besserung, mein Lieber!"

„Ich begleite Sie!", beeilte sich der Pastor zu sagen. Krankenbesuche waren nicht seine Stärke, auch wenn er solche Pflichten ernst nahm. „Nicht unterkriegen lassen, alter Junge! In ein paar Tagen sind Sie wieder auf den Beinen!" Leicht verlegen tätschelte er die Hand des alten Herrn.

„Und wir müssen uns um die Pferde kümmern!"

Wölfchen boxte seinen kleinen Bruder in die Seite und warf ihm einen auffordernden Blick zu.

Stille senkte sich über den Raum. Balthasar Neumann schlug die Augen auf und sah Jana listig an. „Sind sie weg?"

„Im Moment ja." Sie nickte.

„Gut so. Deine Wickel beginnen zu wirken, ich fühle mich schon besser." Ein Hustenanfall hinderte ihn am Weitersprechen. „Bis auf die blöde Keucherei ...", röchelte er mühsam, doch seine Augen lachten dabei. „Mach dir keine Sorgen, mich wirft so leicht nichts um. Geh nur zu den Jungen in den Stall hinunter und sieh dir die anderen Pferde an."

„Okay, dann sehe ich mich mal unten um." Jana stand auf und ging zur Tür.

„Ich kann doch weiterhin mit deiner Hilfe rechnen, Jana? Bei den Pferden, meine ich."

Sie strahlte. „Immer! Das finde ich echt riesig, dass ich hier mitmachen darf!"

„Dann bin ich beruhigt." Der alte Herr ließ lächelnd den Kopf sinken.

„Ich habe da nur noch eine Frage ..."

„Nur zu!", kam es schläfrig vom Bett her.

„Darf ich vielleicht auch reiten?"

„Dürfen? Du musst!"

„Danke!" Jana schloss die Tür. Doch die Treppen hinunter hüpfte sie vor Freude.

Jana fand die beiden Brüder im Stall. Das heißt, sie sah aus einer Box den blonden Schopf Wölfchens auf- und wieder abtauchen, in der Nachbarbox den feuerroten von Klaus. Erstaunlich, wie wenig sich die beiden ähnlich sahen. Klaus war zierlich, hatte eine helle, mit zahlreichen Sommersprossen bedeckte Haut und Augen von einem so unverschämt leuchtenden Blau, als hätte er sie sich bei einer Barbiepuppe geklaut. Eigentlich war er fast zu hübsch, fand Jana, aber dafür konnte er schließlich nichts. Sicher rannten die Mädchen in der Schule zu Dutzenden hinter ihm her.

An Tempo allerdings gab er dem großen Bruder nichts nach. Die beiden misteten mit einer solchen Geschwindigkeit die Boxen aus, als wollten sie einen Rekord brechen. Jana ging langsam die Stallgasse hinunter. Durch die vergitterten Fenster an der Rückwand des Stalls sah sie ein gutes Dutzend Pferde auf einer Koppel, die an den Hof anschloss. Sie trat an eines der Fenster um sich die Tiere genauer anzusehen, da kam Wölfchen von hinten heran und drückte ihr eine Mistgabel in die Hand. Ohne ein Wort ging er wieder und machte sich an die Arbeit. Jana lachte leise. Wenn der glaubte, sie könne nicht mithalten, würde er was erleben! Mit Feuereifer begann sie die Box, in der sie stand, auszumisten.

Klaus hatte gerade die Schubkarre ausgeleert und in der Stallgasse abgestellt. Bei Janas Eifer füllte sie sich schnell von neuem. Als Klaus die nächste Ladung Mist aus der Box gegenüber schwungvoll in die Karre werfen wollte, zielte er ins Leere. Klatschend fielen die Pferdeäpfel auf den Steinboden. Jana war mit der vollen Karre schon wieder auf dem Weg nach draußen.

„He! Ich glaub, ich spinne! Die hat mir die Karre geklaut!", empörte Klaus sich, als Wölfchen – durch das seltsame Geräusch aufgeschreckt – aus der hinteren Box schaute.

Der Bruder kicherte. „Musst eben schneller sein. Sei froh, dass sie ein Profi ist."

„Danke für die Blumen!", rief Jana, die mit der Karre bereits zurückkam und sie schwungvoll vor Klaus abstellte. „Bitte sehr."

„Willkommen im Team!" Wölfchen grinste von einem Ohr zum anderen. „Du kommst uns gerade recht!"

„Das hört sich nach Arbeit an."

„Arbeit gibt's hier mehr als genug, das hast du doch selbst schon gesehen. Was wir nicht schaffen, muss eben liegen bleiben. Logischerweise bedeutet das: das Wichtigste immer zuerst ..."

„... und dann das Zweit- und Drittwichtigste und so

weiter. Schon verstanden. Das Putzen der Pferde draußen im Offenstall war nicht gerade das Wichtigste, stimmt's? Wie die aussahen!"

„Na ja, ich fand's schon supergut, dass du das gemacht hast. Den ganzen Winterpelz mal richtig runtergeholt." Wölfchen sah sich um. „Die eine Box da kann Klaus noch machen. Komm, ich führe dich rum und erkläre dir alles. Damit du nicht dauernd fragen musst."

Jana stellte die Mistgabel hin und folgte ihm.

„Da hinten links die vorletzte Tür ist die Futterkammer. Die letzte Tür ist die Sattelkammer. Gegenüber ist ein Pferdepfleger-Zimmer. Das benutzen wir als Aufenthaltsraum, wenn es sehr kalt ist im Winter. Es ist eine Kochnische drin, ein Kühlschrank für Getränke und für die Medikamente, die man kühl lagern muss! Und für eure Brotzeit vermutlich." Er lachte.

„Was ist denn das?", rief Klaus aus seiner Box.

„Das ist Bayerisch. Man sagt es für das zweite Frühstück oder die Vesper-Mahlzeit am Nachmittag. Na ja, eben, wenn ihr euch Brote für die Pause mitnehmt", erklärte Jana.

„Brotzeit ... Brotzeit ...", murmelte Klaus. „Hört sich irgendwie gut an. So appetitanregend."

„Nicht schon wieder", stöhnte Wölfchen übertrieben auf. „Vergiss es! Du hast mindestens für drei gefrühstückt. Komm, Jana!" Er schob sie vor sich her den Gang hinauf, zeigte ihr die Treppe, die zum Speicher hinaufführte, wo Hafersäcke und das Heu lagerten, das nach Bedarf durch eine Luke auf die Stallgasse hinuntergeworfen wurde.

Hinter der Treppe waren die Geräte verstaut. Schweigend öffnete er die Tür zur Futterkammer, zur Sattelkammer und die zum kleinen Aufenthaltsraum.

Jana trat ein. Sie musterte den vielfach eingekerbten Tisch, die alten Stühle, die Kochecke mit dem Bord darüber und den wackligen Schrank. Dann sah sie auf das zerwühlte Bett, das in der Ecke stand.

Wölfchen folgte ihrem Blick, schob sich an ihr vorbei und zog eilig die Decke gerade. „Einer von uns schläft immer hier, wenn Balthasar auf Reisen ist, damit die Pferde nicht allein sind", erklärte er.

„Dachte ich mir." Jana nickte und sah ihn verständnisvoll von der Seite an. „Das letztemal hat sicher Klaus hier geschlafen, stimmt's?"

Wölfchen verzichtete wohlweislich auf eine Antwort und wies auf eine Tür, die in einen Nebenraum führte. „Dusche und Klo."

Jana öffnete kurz die Tür. „Putzen wär auch mal nicht schlecht, oder?"

„Sag ich doch, dass du wie gerufen kommst! Wir können die Pferde jetzt reinholen", Wölfchen wechselte das Thema. „Sie müssen sich erst wieder an das frische Gras gewöhnen. Zuviel Koppelgang am Anfang ist nicht gut."

„Okay. Sag mir, wo wer hinkommt."

Neben der Treppe gab es eine Tür, die direkt zu den hinter dem Stall liegenden Weideflächen führte. Daneben lag ein Außenreitplatz mit ein paar Hindernissen und einer etwas erhöht auf einem Erdwall stehenden Zuschauerbank.

Wölfchen ging Jana voraus und öffnete das Koppelgatter. Er drückte ihr einen Strick in die Hand und wies auf einen großen Braunen. „Der da. Erste Box links."

„Wieso haltet ihr die hier eigentlich in Boxen und die anderen im Offenstall?", erkundigte sich Jana.

„Reine Platzfrage. Balthasar bringt dauernd neue Pferde an. Wo wir mit ihnen hinsollen, darüber denkt er nicht nach."

„Und nach welchen Gesichtspunkten teilt ihr sie ein?"

„Die, die bleiben werden, weil sie keine Chance haben, noch einen guten Platz zu finden, kommen in den Offenstall."

„Eigentlich logisch", Jana streichelte den Kopf des braunen Wallachs. Dann hakte sie den Strick am Führring seines Halfters ein. „Es hätte keinen Sinn ein Pferd, das hier nur zu Gast ist, an die Offenstallhaltung zu gewöhnen, wenn's nachher in eine enge Box kommt."

„Eng? Die Leute, die Balthasars Pferde bekommen, sind handverlesen! Nur wer einen optimalen Stall vorweisen kann, bekommt eins von ihm. Dafür kriegt er es dann auch umsonst – auf Spendenbasis."

„Irre. Da hat er sich ja ganz schön was aufgeladen."

„Du sagst es. Was glaubst du, warum er so oft schlapp macht? Krank wird und so."

„Ach ja? Er kippt öfter um?" Jana sah erschrocken zu dem großen Jungen auf.

„Kommt schon mal vor. Er hat ein schwaches Herz. Na los, mach hin, wir haben noch 'ne Menge zu tun. Den Fuchs da als Nächsten." Wölfchen hatte für seine Verhältnisse ungewöhnlich viel geredet. Jetzt war sein Bedarf an

Unterhaltung gedeckt. Schweigend brachte er die Rappstute, die er am Halfter führte, in ihre Box und holte als Nächsten einen Appaloosa, der nicht die geringste Lust hatte sich einfangen zu lassen. Ähnlich ging es Jana mit ihrem Pferd. Nur dass Wölfchen bald Erfolg hatte, während sie wieder und wieder hinter ihrem Fuchs herlaufen musste, bis sie ihn endlich ausgetrickst hatte. Inzwischen hatten die beiden Jungen alle übrigen Pferde längst hineingebracht. Als alle wieder in ihren Boxen standen, machte Jana einen neuen Vorstoß. Klaus und Wölfchen hatten sich mit einem Päckchen Butterbrote und einer Literflasche Cola auf die Bank vor dem Haus in die Sonne verzogen und Klaus hielt ihr die Flasche hin.

„Welchen von denen könnte ich denn mal reiten?", fragte sie Wölfchen und wies zum Stall hinüber.

„Gegenfrage", mampfte er hinter einem zu großen Bissen Brot hervor, „wie gut reitest du? Hast du überhaupt schon mal im Sattel gesessen?"

Jana schluckte den Ärger über seinen herablassenden Ton hinunter. „Na, immerhin hatte meine Tante eine Reitschule. Ich hab mit vier Jahren angefangen. Und zuletzt in München war ich in einem der besten Reitställe der Region."

„Geschenkt. So was kenne ich. Da präpariert der Bereiter hinter verschlossenen Türen die armen Tiere, bis sie nicht mehr können, und dann dürfen sich die Besitzer draufsetzen und auf den Turnieren absahnen."

„Du bist ungerecht!", fuhr Jana hoch. „Es mag solche Ställe geben, aber bei uns war das nicht so!"

„Wie schön für dich. Dann werden wir ja von dir

noch 'ne Menge lernen können. Sagen wir heute Nachmittag? Du kannst den Fuchs reiten, mit dem du dich schon angefreundet hast."

In diesem Augenblick traten die drei Frauen aus dem Haus. Frau Kruse verabschiedete sich. Rike Brunnhofer winkte ihre Tochter Jana zu sich heran.

„Okay. Um drei, wär euch das recht?", sagte Jana schnell.

„Perfekt. Drei Uhr hier. Tschüs denn."

„Tschüs, bis dann!"

Wölfchen grinste auf eine Weise, die Jana leicht beunruhigte. Doch sie hatte keine Zeit darüber nachzudenken, denn ihre Mutter ging mit Helga Malchow zum Auto und wartete offenbar darauf, dass sie sich ihnen anschloss. Jana lief zu ihr hinüber.

„Jana, das ist Frau Malchow, die Mutter von Wolfgang und Klaus."

Jana sah die auffallend große blonde Frau an und reichte ihr die Hand. „Hab ich längst mitgekriegt, Mam! Tag, Frau Malchow!"

„Tag, Jana. Wir haben uns vorhin ja nur flüchtig gesehen. Großartig, dass du dich um Herrn Neumann so umsichtig gekümmert hast."

Jana wurde rot. „Ach, das ist doch selbstverständlich."

„Wir nehmen Frau Malchow ein Stück mit. Ihr Mann musste zu einem Patienten. Er ist der zuständige Tierarzt hier, ein viel gefragter Pferde-Doktor, das weißt du sicher auch schon", bemerkte Rike Brunnhofer.

„Wusste ich nicht. Kein Wunder, dass Wölfchen und Klaus solche Pferdenarren geworden sind."

Sie stiegen ein und der Wagen rollte vom Hof.

„Gehören Sie auch zu den eingeschworenen Pferdenarren?", erkundigte sich Jana bei Helga Malchow.

„Na klar! Wir haben zwei von Balthasars Reitpferden übernommen. Mein Mann und ich lieben es, wenn wir Zeit haben, mit ihnen durchs Gelände zu streifen. Besonders nach der Ernte, wenn man über die Stoppelfelder galoppieren kann! Das ist hier noch erlaubt."

„Sind Sie auch Tierärztin?"

„Nein, ich habe eine ganz bürokratische Tätigkeit in der Verwaltung in Bergen. Halbtags. Wir haben das so eingerichtet, dass ich morgens die Jungen zum Gymnasium mitnehmen und mittags wieder von der Schule abholen kann. Da fällt mir ein – hast du nicht Lust mit uns zu fahren? Ein Platz ist im Wagen ja noch frei! Natürlich nur, wenn es deiner Mutter recht ist."

„Wirklich?" Jana strahlte Helga Malchow an. „Das wäre super! Mam ist es sicher recht, oder?"

„Und ob, ich finde es wunderbar, wenn Jana bei Ihnen mitfahren darf. Vielleicht kann ich mich ja irgendwie an den Kosten ..."

„... beteiligen? Nun hören Sie aber auf!", wehrte Helga Malchow lachend ab. „Wir fahren doch sowieso. Wenn Ihnen Ihr Gewissen keine Ruhe lässt und Sie sich unbedingt bedanken müssen, können Sie uns ja einmal im Jahr in der hübschen Weinstube des Roggenhofs zum Abendessen einladen. Allerdings nur unter der Bedingung, dass Sie und Ihr Bruder mit uns essen!"

„Abgemacht. Wenn es auch ein bisschen öfter als einmal im Jahr sein darf?"

Janas Mutter war an der Einfahrt zum Roggenhof vorbeigefahren und bog nach links auf die Hauptstraße ab. Anderthalb Kilometer weiter ging es rechts in eine Auffahrt zu einem Anwesen, das sich hinter Tannen und Fichten verbarg. Gleich darauf hielt sie vor einer Jugendstilvilla mit Türmchen, Erkern und Treppen.

Helga Malchow sprang aus dem Wagen. „Tut mir leid, dass ich Sie nicht hereinbitten kann, aber ich muss gleich wieder weg. Doch ich hoffe Sie ganz bald einmal hier zu sehen! Tschüs und herzlichen Dank fürs Bringen, Frau Brunnhofer! Tschüs, Jana! Am Montag Punkt halb acht Abfahrt von hier. Wenn du dann nicht da bist, fahren wir ohne dich los. Alles klar?"

„Total. Ich werde pünktlich sein. Vielen Dank nochmal! Tschüs!" Jana sah Frau Malchow nach, die die Treppe zum Eingang hinauflief, indem sie immer zwei Stufen auf einmal nahm. „Die passt zu dir, Mam", stellte sie fest.

„Könnte stimmen." Rike Brunnhofer startete den Motor und fuhr los. „Nachdem es mit unserem gemütlichen Sonntagsfrühstück nicht geklappt hat, können wir doch vielleicht zusammen Mittag essen", schlug sie vor.

„Toll! Was glaubst du, was ich für einen Hunger habe, nach dem aufregenden Vormittag! Schau mal, der Seiteneingang, da geht's zu seiner Praxis. Gut zu wissen."

„Seit wann bist du ein Tier?", fragte Janas Mutter schmunzelnd.

„Nicht für mich. Für Balthasars Pferde! Ich gehöre jetzt zum Team. Das hat er mir versprochen. Und heute Nachmittag darf ich zum erstenmal reiten. Um drei."

„Jetzt ist es halb zwei. Dann wird das Mittagessen wohl nicht allzu gemütlich ausfallen."

Jana überhörte die Bemerkung. Und sie sah auch nicht die Enttäuschung im Gesicht der Mutter. Dazu war sie viel zu sehr mit dem Gedanken daran beschäftigt, was der Nachmittag bringen würde. Wie gut ritten die beiden Brüder? Würde sie es mit ihnen aufnehmen können? Easy!, sagte sie sich. Schließlich hatte sie in München in den letzten Wochen eine Menge dazugelernt und sich viel bei den anderen Reitern abgeschaut. Die Jungen sollten staunen, wenn sie sahen, wie sie im Sattel saß! Sie würde ihnen eine gute Show bieten.

Pünktlich um drei stand Jana perfekt gekleidet im Stall. Dass sie zwar schon häufig getragene, aber sehr gute Reitstiefel und Reithosen besaß, verdankte sie Tanja, die ihr die Sachen vererbt hatte. Auch ein gut sitzendes Jackett, Handschuhe und eine Reitkappe gehörten dazu. Das Jackett hatte sie jetzt allerdings zu Hause gelassen. Es wäre übertrieben gewesen. Sie war sich nicht sicher, wie die Jungen darauf reagieren würden.

Auch so rissen Klaus und Wölfchen die Augen auf, als sie Jana in ihrem schicken Outfit kommen sahen. Schweigend musterten sie das hübsche Mädchen, das den dicken langen Zopf zu einem Knoten hochgesteckt und unter der Reitkappe verborgen hatte. Sie wirkte ungemein sportlich und attraktiv.

„Na ja", sagte Wölfchen nach einer längeren Denkpause. „Ich hab dir seinen Sattel und die Trense schon rausgelegt."

„Danke!" Jana verbarg ihre Unsicherheit hinter forschem Auftreten. Entschlossen betrat sie die Box des Fuchswallachs. Der sah sie misstrauisch an, doch als sie mit ihm zu schmusen anfing, entspannte er sich und begann an ihrem Ohrläppchen zu knabbern. Die Reitkappe rollte ins Stroh. Jana tat, als merkte sie es nicht. „Wie heißt er eigentlich?"

„Charming Boy", antworteten die Brüder wie aus einem Mund.

Jana kraulte den Fuchs noch einmal hingebungsvoll. Der Wallach drängte näher heran und stand mit einem Bein fest in der Reitkappe. Jana übersah es großzügig und führte ihn auf die Stallgasse hinaus.

Klaus schloss schnell die Tür zum Hof. „Nur zur Sicherheit, der haut nämlich liebend gern ab."

„Gut zu wissen, danke." Aber Jana hatte den Wallach ohnehin schon an beiden Seiten angehängt. Kritisch betrachtete sie sein staubbedecktes Fell. „Richtig putzen werde ich ihn hinterher, sonst komme ich heute überhaupt nicht mehr in den Sattel."

Im Auftrensen und Satteln war sie Profi. Schnell war sie damit fertig, hatte dem Fuchs die Hufe ausgekratzt, die Sattellage geputzt und nahm ihn am Zügel. Charming Boy ließ sich freundlich alles gefallen, auch wenn er jetzt so energisch aus dem Stall drängte, dass sie ihn kaum halten konnte.

„Du solltest besser aufsteigen und ihm zeigen, was du von schlechten Manieren hältst", schlug Wölfchen vor. „Er ist ein intelligenter Kerl, der denkt immer ein bisschen schneller und logischer als du."

3 10506-4

„So, meinst du." Jana ärgerte sich über die Belehrung, stieg aber auf.

Charming Boy trabte munter los. Jana lenkte ihn zum Reitplatz hinüber, mischte sich aber vorerst nicht ein, sondern bemühte sich, während sie im leichten Trab Runde um Runde drehten, Sitz und Körperhaltung zu korrigieren und Verbindung mit dem Pferd aufzunehmen.

Charming Boy wurde schneller, er nahm den Kopf hoch und sah interessiert nach rechts und links.

„Du sitzt ja ganz gut da oben, aber du solltest ihm nicht so viel durchgehen lassen", mahnte Wölfchen. „Wenn er dich nicht ernst nimmt, hast du bei dem keine Chance."

„Danke für deine Tips, aber schließlich soll er sich erstmal warmlaufen." Jana hatte Mühe sich ihre Wut über Wölfchens herablassende Art nicht anmerken zu lassen. Trotzdem versuchte sie jetzt den Wallach besser an den Zügel zu bekommen.

Charming Boy dachte gar nicht daran ihr diesen Gefallen zu tun. Als sie energischer die Beine anlegte, schlug er einmal kurz aus und buckelte so heftig, dass sie sekundenlang um ihr Gleichgewicht kämpfen musste. Als sie wieder fest im Sattel saß, schielte sie zu den beiden Jungen hinüber. Die hockten nebeneinander auf der Bank und beobachteten sie interessiert.

Irre ich mich oder warten die da drüben nur darauf, dass ich hier einen Salto in den Sand mache?, dachte Jana. Schätze mal, oben bleiben ist alles. Sie parierte zum Schritt durch.

Charming Boy kickte noch einmal kurz in Richtung

ihrer Füße, gehorchte dann aber. Jana wechselte die Bahn und trabte wieder an. Alles schien gut zu gehen. Charming Boy bequemte sich sogar den Kopf herunterzunehmen und kurze Zeit am Zügel zu gehen, als wolle er ihr mal eben mitteilen, dass er durchaus in der Lage war in perfekter Haltung eine Dressuraufgabe auszuführen, wenn er Lust dazu hatte. Dann wagte Jana anzugaloppieren. Als habe ihn eine Wespe in eines seiner wertvollsten Teile gestochen, riss er den Kopf hoch und raste mit entsetzt geweiteten Augen davon. Na schön, dachte Jana, oben bleiben ist alles.

Das war leichter gedacht als getan. Es war reine Glückssache, dass sie im Sattel blieb, und niemand war so überrascht wie Jana selbst, dass sie bei diesem Schleuderkurs nicht doch im Sand landete.

Irgendwann wurde es Charming Boy langweilig und er fiel in einen gemächlichen Cantergalopp, so als hätte er nun genug getobt. Jana versuchte sich im Sattel zu entspannen, jeden Augenblick darauf gefasst, dass der Fuchswallach eine neue Runde des Kampfs einläuten würde. Schließlich gelang es ihr ihn einigermaßen gut zum Stehen zu bringen. Zögernd klopfte sie seinen Hals. Vielleicht würde er das auch missverstehen?

Wölfchen kam, die Hände tief in den Hosentaschen vergraben, einen Strohhalm zwischen den Zähnen, auf sie zugeschlendert. „Na ja“, ließ er sich gönnerhaft vernehmen, „ich hab schon mal jemanden besser reiten sehen. Immerhin. Du hast ihm gezeigt, dass du nicht so leicht loszuwerden bist. Auf der Basis kann man aufbauen. Wenn er auch nur eine Sekunde Angst bei dir gespürt hätte, hättest du keine Chance gehabt. Er ist so."

Jana fühlte sich, als hätte man sie eine halbe Stunde im Schleudergang der Waschmaschine rotieren lassen. Jeder Knochen tat ihr weh. Wölfchens Reaktion war genau das, was ihr jetzt noch gefehlt hatte. Sie biss die Lippen zusammen, sprang aus dem Sattel und klopfte dem Fuchs noch einmal freundschaftlich den Hals. Dann wandte sie sich ärgerlich zu dem Jungen um. Es war nicht gerade leicht zu seinen zwei Metern verächtlich hinaufzublicken. „Idiot!", knurrte sie. „Du hättest mich wirklich warnen können!"

„Selber Idiot! Das sollte ein Kompliment sein."

„Ach, wirklich? Eines, das man erst mit der Lupe suchen muss, wie?" Jana wandte sich wieder dem Wallach zu, dem jetzt nach Schmusen zumute war, wobei er sich den schweißnassen Kopf zärtlich an ihrem Pullover trockenrieb. „Was ist mit ihm los?", fragte sie. „Er ist sonst so liebevoll und sensibel."

„Wissen wir nicht", sagte Wölfchen achselzuckend. „Wenn er normal wäre, wär er nicht hier. Er hatte bisher genauso viele Besitzer, wie er Jahre alt ist: sieben. Ich glaube, der erste hat ihn total versaut. Sonst wäre er vermutlich nicht so ein misstrauisches, menschenscheues Tier, sondern heute schon bundesweit beim Grand Prix dabei."

„Misstrauisch ... das würde man nie vermuten, wenn man ihn so erlebt. Er ist doch so lieb!"

Charming Boy hatte begonnen Janas Frisur aufzulösen und blies verliebt in die lange Lockenmähne.

„Kunststück. Der ist verknallt in dich!", ließ Klaus sich

vernehmen. „Du bist sein Typ. Hast keinen Schiss, schmust gern, lässt dir alles von ihm gefallen ..."

„Er ist unheimlich klug, das wirst du schon noch merken!", erklärte sein Bruder zu Jana gewandt. „Wenn du bei ihm was durchsetzen willst, musst du ihn ehrlich überzeugen, sonst läuft da gar nichts. Ich werde dir ein paar Sachen zeigen, das kriegen wir schon hin. Aber nicht mit Gewalt. Und jetzt los, Leute, wir haben noch mehr zu tun. Du kommst mit mir zum Offenstall raus, Jana, Klaus wartet auf die Kunden für die Rappstute und sieht zwischendurch immer mal nach Balthasar."

Da war er wieder, dieser Befehlston, der sie so wütend machte. Was glaubte der, wer er war, dass er sich hier als der Oberlehrer vom Dienst aufspielte! Er war wenig älter als sie und kehrte den Allwissenden raus. „Was bist du hier eigentlich?", fragte sie. „Der große Boss? Oder so 'ne Art Leitwolf, der sein Rudel in Schach hält?"

„Such's dir aus", antwortete der Junge gleichgültig und ging zum Stall hinüber. „Wir müssen Heu mitnehmen. Den Anhänger da vollmachen! Und die Forken mit rein." Er wies auf einen zweirädrigen Karren, der an sein Fahrrad angehängt war.

„Zuerst muss ich mal mein Pferd trockenreiten", rief Jana ihm nach. „So viel Zeit muss sein." Von wegen Wölfchen! Sie wusste schon, wie sie ihn nennen würde: großer Wolf. Ob er merkte, dass das ironisch gemeint war? Sicher nicht. Der war viel zu sehr mit sich selbst beschäftigt. Mit seinen zwei Metern Männlichkeit. Na schön, sein Problem. Hauptsache, sie hatte ihre Pferde, durfte reiten und stundenlang bei ihnen sein. Und bei

Balthasar. Sie freute sich schon jetzt auf die Zeit, wenn er wieder aufstehen und sie ihn alles fragen konnte, was ihr am Herzen lag. Wo er die Pferde fand, die er vor dem Schlachten rettete. Und wie das alles angefangen hatte.

Als sie mit Charming Boy in den Stall kam, hatten Klaus und Wölfchen die Karre bereits voll Heu geladen. Klaus nahm ihr den Fuchswallach ab und versprach ihn zu versorgen. Er hatte jede Menge Zeit. Wolfgang drängte zum Aufbruch.

„Mach dir nichts draus, der hat heute noch 'ne Verabredung", rief Klaus Jana nach. „Deshalb ist mein großer Bruder so nervig."

„Von mir aus!" Schweigend fuhr sie auf dem Fahrrad hinter ihm her. Wolfgang musste sein Tempo drosseln, damit die Ladung Heu auf dem Feldweg nicht ins Rutschen kam. Kurz vor der Koppel überholte Jana ihn um ihm das Koppelgatter zu öffnen. Er schien das erwartet zu haben. Ohne ein Wort zu sagen fuhr er hindurch, zum Offenstall hinüber.

Jana schloss das Gatter und stapfte hinter ihm her. Von allen Seiten kamen ihre Freunde herbei und bedrängten sie, in Erwartung irgendeiner Leckerei. Wölfchen hatte damit begonnen das Heu in der Raufe zu verteilen, die sich an der gesamten Rückwand entlangzog. Jana entzog sich ihren Lieblingen und holte sich die zweite Forke von der Karre um die Pferdeäpfel aus dem Stroh zu entfernen. Die Tiere begriffen, dass im Augenblick von ihr nichts zu erwarten war und wandten sich dem frischen Heu zu.

„Wie heißen die eigentlich alle?", fragte sie, als Wölfchen damit begann jedes einzelne Pferd auf eventuelle Verletzungen zu untersuchen.

„Der Rappe hier ist Janusch. Schön, nicht? Er stammt aus Polen. Die Schimmelstute heißt Jenny, die Fuchsstute da Katinka."

„Janusch, Jenny, Katinka", wiederholte Jana. „Und die Haflinger?"

„Das da ist Leo und der mit der superdicken Mähne heißt Löwe."

„Passt zu ihm. Leo und Löwe. Leicht zu merken."

„Das braune Pony ist Spotty. Eigentlich heißt er Spotlight, weil er diesen kreisrunden weißen Fleck auf der Stirn hat. Und die kleine Gescheckte ist Bibi."

„Spotty und Bibi. Alles klar." Jana sah auf die Uhr. „Du, sei nicht böse, aber ich muss jetzt nach Hause, sonst krieg ich einen Riesenärger. Ich habe versprochen zum Abendessen pünktlich zu sein."

„Kein Problem. Wir sehen uns morgen." Wölfchen legte zum Gruß lässig zwei Finger an die Stirn, dann wandte er sich wieder seiner Arbeit zu.

„Bis morgen. Tschüs, großer Wolf!" Es klang nicht so aufmüpfig, wie es hätte klingen sollen. Aber das war egal, er hörte sowieso nicht hin.

Jana ging langsam über die Koppel zu ihrem Fahrrad hinüber. Am Gatter drehte sie sich noch einmal um. Wölfchen untersuchte die Hufe der kleinen gescheckten Ponystute. Jana wartete noch einen Moment, doch er sah nicht zu ihr hin. Sie schob ihr Rad auf den Weg zurück und stieg auf.

Echt super, wie das heute gelaufen war. Endlich wieder im Sattel! Und sie hatte sich von Charming Boy nicht absetzen lassen. Überhaupt hatte sie an diesem Tag eine Menge Punkte gemacht, wenn sie es sich recht überlegte. Balthasar gefunden und versorgt. Alle hatten sie dafür gelobt. Und bei den Pferden mit den beiden Jungen mitgehalten. So was nannte man ja wohl Glück. Na ja, von Wölfchen mal abgesehen. Das war nicht unbedingt zum Jubeln. Ein komischer Kerl. Trotzdem, war es eine Menge Glück für einen einzigen Tag. Glück mit kleinen Kratzern eben. Aber über die konnte sie hinwegsehen. Heute wollte sie sich ganz einfach nur freuen.

In der nächsten Zeit verbrachte Jana jede freie Minute auf dem Uhlenhof. Die Schule schien nur dazu da zu sein, sich den ganzen Morgen auf den Nachmittag bei den Pferden zu freuen. Im Unterricht kam sie gut mit, sie war ihren neuen Mitschülern im Stoff voraus. Nicht umsonst hatte ihre Schule in München in dem Ruf gestanden eine der anspruchsvollsten im ganzen Land zu sein. Das zahlte sich jetzt aus.

Balthasar hatte sich schnell erholt. Nach drei Tagen war er mit ärztlicher Erlaubnis wieder aufgestanden und verbrachte nun den größten Teil des Tages im Liegestuhl auf der Terrasse. Oder er setzte sich für eine Weile auf die Bank am Reitplatz und sah seinen drei Helfern zu, wie sie die Pferde bewegten.

Jana wusste inzwischen mehr über den alten Herrn. Zum Beispiel, dass er so leidenschaftlich gern kochte wie Onkel Helmut. Und dass er liebend gern Klassiker zitierte, Szenen oder einzelne Sätze aus den Stücken, die er im Laufe seines Lebens auf der Bühne gespielt hatte. Viel hatte sie über seine folgenschwere Neigung erfahren Pferdemärkte zu besuchen, auf denen alle, die keinen Besitzer fanden, als Schlachtpferde abtransportiert wurden. Jedes Mal kam er mit ein oder zwei „Geretteten" zurück. Natürlich war Balthasar auch Mitglied in mehreren nationalen und internationalen Tierschutzvereinen. Er nutzte seine Popularität als Schauspieler für Aufklärungsaktionen über Missbrauch mit Tieren und startete immer wieder Unterschriftensammlungen gegen Missstände bei Schlachtviehtransporten. Jana bewunderte den alten Herrn, der so unkompliziert und humorvoll und dabei so aktiv war, mit jedem Tag mehr.

In die Arbeit auf dem Hof hatte sie sich schnell hineingefunden. Wenn Balthasar nicht auf Reisen war, um eine Fernsehrolle zu spielen, beim Rundfunk ein Hörspiel aufzunehmen oder ein Theatergastspiel zu geben, versorgte er morgens die Pferde, so dass die Jungen das nicht auch noch vor der Schule tun mussten. Nur wenn er unterwegs war, hieß es für Klaus und Wölfchen eine Stunde früher aufstehen. Aber sie schienen das gern zu machen – für die Pferde war ihnen nichts zuviel.

Den Nachmittag verbrachten die beiden Brüder und Jana ganz auf dem Hof. Hausaufgaben wurden abends gemacht oder auch mal zwischendurch, mit Hilfe von Balthasar, der sowohl vom Lernen etwas verstand als auch davon die richtigen Stichworte zu geben. An solchen Tagen, wenn es viel zu pauken und ebenso viel im Stall zu tun gab, kochte Balthasar für die ganze Mannschaft, damit sie den Weg zum Mittagessen nach Hause sparen und sofort mit der Arbeit beginnen konnten.

Heute allerdings hatte Balthasar über dem Lesen eines neuen Drehbuchs völlig die Zeit vergessen und sah sich, längst nicht mit seinen Vorbereitungen für das Mittagessen fertig, drei hungrigen jungen Reitern gegenüber, die voller Vorfreude auf seine köstlichen Spezialitäten in der Küchentür standen.

„Was gibt's denn?", erkundigte sich Klaus mit sehnsüchtiger Erwartung in der Stimme.

Balthasar blickte düster auf einen dicken Brocken Rinderbraten, der noch halb gefroren vor ihm auf dem Küchentisch lag. „Eigentlich sollte es Stifado à la Balthasar geben. Das ist ein griechisches Gulasch. Aber wie die Dinge liegen ...", er klopfte ungeduldig mit einem Messer gegen das Eis, „werden wir uns wohl mit etwas Käse und Oliven begnügen müssen." Damit reckte er die

Arme dramatisch zum Himmel, schüttelte die Fäuste, sein Gesicht veränderte sich und nahm einen Ausdruck tiefen Schmerzes an. „Oh schmölze doch dies allzu feste Fleisch, zerging, und löst in einen Tau sich auf ..."

„Hamlet!", bemerkte Jana, erfreut, dass sie das Zitat erkannt hatte.

„Wer ist denn das?", fragte Klaus verständnislos.

„Wahrscheinlich einer", ließ sich Frau Kruse vernehmen, die gerade mit dem Putzeimer in der Küche erschien, „der auch vergessen hat das Gefrierfleisch rechtzeitig aus der Truhe zu nehmen."

Klaus kam die Erleuchtung, er strahlte seinen Bruder an. „Quatsch! Jetzt weiß ich's wieder: Hamlet, Silbermedaille in Dressur bei den letzten Landesmeisterschaften. In der Kür hatte er die höchste Punktzahl!"

„Den meinte ich eigentlich nicht", sagte Balthasar milde. „Und was machen wir nun?"

„Pfannkuchen à la Shakespeare", schlug Jana vor. „Bunt wie eine Komödie, von allem kommt was rein: Wurstscheiben, Käsewürfel, saure Gurken, Oliven, Paprika ... und dazu Salat."

„Ich sehe, aus dir kann noch was werden. Du hilfst mir hier, Jana, die jungen Herren decken den Tisch auf der Terrasse."

Jana machte sich an die Arbeit. Sie holte aus dem Kühlschrank, was sie für ihre Komposition brauchen konnte, und begann Käse, Wurst, Schinken, Paprikaschoten, Oliven und Pfeffergürkchen in kleine Würfel zu schneiden, während Balthasar den Pfannkuchenteig bereitete.

„Übrigens haben wir zum Essen noch einen Gast", erklärte der alte Schauspieler. „Es ist Julia, eine Interessentin für Charming Boy."

„Sie wollen Charming Boy noch einmal in andere Hände geben?", fragte Jana entsetzt.

„Du hast recht. Eigentlich wollte ich das nicht tun. Aber dieses Mädchen bringt alle Voraussetzungen mit um mit dem schwierigen Pferd zurechtzukommen. Und wir müssen nun einmal sehen, so viele Pferde wie möglich gut unterzubringen."

Jana gab es einen Stich. Zwar wusste sie, dass sie einem Pferd wie Charming Boy nicht gewachsen war: gerade vorgestern hatte er sie am Führstrick über den halben Hof geschleift, weil sie ihn nicht weglaufen lassen wollte. Sie hatte sich die Hände dabei böse aufgeschürft, das tat noch jetzt weh. Aber dass da ein Mädchen kam, die viel besser reiten konnte als sie und offensichtlich die geeignetere Besitzerin für dieses schöne Pferd war, das machte sie eifersüchtig.

Ohne es zu wollen goss Balthasar noch mehr Öl ins Feuer, als er nun sagte: „Julia ist eine alte Freundin von Wölfchen. Er kennt sie aus Reken, wo sie gemeinsam so einen Tellington-Jones-Kurs gemacht haben, du weißt schon."

„Hm", machte Jana. Es klang wenig begeistert.

Eine Freundin vom großen Wolf! War die vielleicht auch zwei Meter lang? Kaum, Charming Boy war ein eher zierliches Pferd und Balthasar hätte sie dann wohl nicht als ideale Reiterin für den Fuchswallach bezeichnet.

Balthasar hatte ein feines Gespür für Stimmungen. Er sah Jana prüfend an. „Ist Charming Boy dein besonderer Liebling, Jana, so dass du ihn nicht hergeben magst?"

„Ich mag ihn sehr gern. Aber eigentlich ... nein, mein besonderer Liebling ist Janusch. Ich weiß selbst nicht, warum. Mit ihm muss ich nicht kämpfen. Er ist genauso verschmust wie Charming, aber er ist auch ehrlich, er trickst einen nicht aus und lässt einen nicht ständig fühlen, dass er schlauer ist als man selbst."

„Janusch also ..."

„Ja. Bei ihm habe ich immer den Eindruck, dass er mir zuhört, dass ... also, das klingt jetzt vielleicht seltsam, aber ich hab das Gefühl, dass ich ihm wichtig bin. Dass er auf mich wartet, mich braucht. Charming, das ist ein großer Schauspieler." Es hatte ein wenig seltsam geklungen und Jana wurde rot. „Ich meine das natürlich total positiv ..."

Balthasar lachte herzlich. „Natürlich! Total! Es ist ein Kompliment für uns Schauspieler. Willst du den Salat fertigmachen? Dann backe ich jetzt die Pfannkuchen."

Doch dazu kam es erst einmal nicht. Wölfchen stürmte herein, seine Augen strahlten vor Freude. „Balthasar, du musst sofort kommen! Julia ist schon da, sie hat sich die ganze Zeit im Stall mit Charming Boy beschäftigt. Jetzt will sie ihn reiten." Eine ungewöhnlich lange Rede für den großen Wolf, fand Jana. Was musste das für ein Mädchen sein!

Nun tauchte auch Klaus in der Tür auf. Seinen Hunger hatte er offensichtlich vergessen. „Schnell! Sie hat ihn schon gesattelt! Und er ist ganz sanft!"

Jana wandte sich ab. Sollten die sich doch für ihre Julia begeistern, was ging sie das an.

Balthasar hatte die Pfanne zur Seite geschoben und nahm die Schürze ab. „Bin schon auf dem Weg! Komm, Jana, das müssen wir uns ansehen!"

„Ich bleibe hier und mache inzwischen das Essen fertig", sagte Jana spröde. „Geht ihr nur los."

Wölfchen sah sie verständnislos an. „Quatsch, natürlich kommst du mit! Das musst du erleben, Jule hat ein Händchen für schwierige Pferde, da kannst du nur neidisch werden. Na, komm schon."

Er blieb tatsächlich so lange in der Tür stehen, bis sie umständlich ihre Hände gewaschen und abgetrocknet hatte. Dann schob er sie vor sich her auf den Hof. Jana stapfte schweigend neben ihm zum Reitplatz hinüber. In ihr fochten Ablehnung und Neugierde auf dieses angeblich so außergewöhnliche Mädchen einen heftigen Kampf miteinander aus. Am liebsten wäre sie jetzt noch davongelaufen, aber Wölfchen ließ ihr keine Chance, er ging dicht hinter ihr und legte ihr die Hand auf die Schulter. „Sie ist schon draußen. Komm schnell."

Auch wenn Jana sich gegen das Gefühl wehren wollte: Julia gefiel ihr auf Anhieb. Das schlanke, sportliche junge Mädchen mit den strahlenden blauen Augen, die dunkelblonden Haare zu einem dicken Zopf geflochten, die Haut tief gebräunt von der ständigen Arbeit im Freien, stand vor dem Fuchswallach, die Arme um seinen Hals gelegt, und massierte leicht den Bereich hinter seinen Ohren. Dann glitten ihre Hände mit sanft kreisenden Bewegungen den Hals hinunter und wieder hinauf. Schließlich berührten ihre Fingerspitzen mit leicht massierendem Druck die Partie um seine Augen. Julia war so konzentriert, dass sie die Anwesenden nicht zu bemerken schien. All ihre Aufmerksamkeit war auf das Pferd gerichtet, das entspannt und mit offensichtlichem Wohlbehagen alles über sich ergehen ließ.

Schließlich beendete sie die Behandlung mit einem zärtlichen Klaps und griff nach den Zügeln. „So, mein Lieber, versuchen wir's mal miteinander." Leicht schwang sie sich in den Sattel.

Charming Boy riss den Kopf hoch und stand wie in den Boden gerammt da, voll angespannter Erwartung. Sie sahen, dass Jule nur ganz leicht das Kreuz anzuspannen brauchte, damit der Wallach in einem gelösten Schritt vorwärts ging. Während sie ihn die ersten Minuten am langen Zügel um die Bahn gehen ließ, glitt ihre freie Hand massierend den Mähnenkamm hinauf und hinunter. Charming Boy schien zunächst ein wenig irritiert, da dies seiner Meinung nach nicht zum gewohnten Programm gehörte. Doch bald zeigte er sichtliches Wohlbehagen.

„Na, jetzt bin ich gespannt", raunte Wölfchen Jana ins Ohr. „Ob der Tellington-Touch ihn wirklich so weit beruhigt, dass er mit ihr keinen Zirkus macht?"

„Wenn es stimmt, was du mir gesagt hast, wird er den Zirkus nicht auslassen", gab Jana leise zurück. „Er wird einfach wissen wollen, wer der Stärkere ist, wetten?"

„Die Wette hast du gewonnen!" Klaus hatte sich auf

der anderen Seite neben sie gestellt. „Das dauert keine fünf Minuten."

Er sollte recht behalten. Nach einer weiteren Runde nahm Julia die Zügel langsam auf und versuchte den Wallach an die Hilfen zu stellen. Nachdem sie ihn mit ein paar Schlangenlinien und Volten auf beiden Seiten locker gemacht hatte, trabte sie an.

Jana beobachtete, dass Jule ihn, während sie sich auf ihn einstellte, zunächst einmal in seinem eigenen Tempo laufen ließ ohne sich einzumischen. Charming Boy ging brav wie ein folgsames Reitpferd.

In Julias Gesicht zeigte sich Entschlossenheit. Sie verstärkte den Druck des Kreuzes und der Schenkel fast unmerklich. „So, mein Junge. In dir steckt doch viel mehr! Nun zeig mal, was du kannst", ermunterte sie den Fuchswallach.

„Oh, oh! Hoffentlich missversteht er das nicht", brummte Klaus.

Doch genau das tat Charming Boy. Er kickte wie zur Warnung einmal kurz nach hinten aus, was Jana damit beantwortete den Druck ihrer Schenkel noch mehr zu verstärken. Ein kräftiger Buckler war die Antwort darauf.

„Aufforderung zum Tanz!" Wölfchen grinste.

Unbeirrt fuhr Jule fort, den Wallach kräftig nach vorn zu treiben, ohne sich von seinem Widerstand aus dem Konzept bringen zu lassen. Charming Boy konnte nicht glauben, dass das Mädchen seine Warnung nicht ernst nahm. Er antwortete seinerseits mit einer Variation von Bucklern, die jedes Rodeopferd vor Neid hätten erblassen lassen. Jule schien darauf gefasst gewesen zu sein, sie saß wie festgeleimt. Sie bemühte sich mit einer Reihe kleiner Paraden seinen Kopf nach oben zu bekommen und trieb ihn weiter kräftig voran.

„Warum provoziert sie ihn so? Das kann doch nur schief gehen!“, stöhnte Klaus. „Beim nächsten Mal explodiert er total!“

Genauso geschah es. Charming Boy riss den Kopf hoch und ging ab wie ein Rakete. Er fegte quer über den Platz.

Jana schrie angstvoll auf.

„Keine Sorge, genau das hat sie beabsichtigt: dass er endlich vorwärts geht und nicht mehr so im Rücken klemmt und damit die Hinterhand blockiert, verstehst du?“, beruhigte Wölfchen sie.

„Gehen ist gut!“ Jana kicherte nervös, entspannte sich aber sichtlich, als sie bemerkte, dass Julia die Situation ganz gelassen im Griff hatte. Sie versuchte nun ihrerseits sanft, aber energisch das Pferd nach innen zu stellen, indem sie in kleinen Intervallen den Kopf nach innen zog, kurz losließ und ihn sofort darauf ein Stück weiter nach innen brachte, wobei sie sich bemühte ihn auf einen großen Zirkel zu lenken. Dies alles ging so schnell, dass der Wallach nicht wusste, wie ihm geschah. Auch die Zuschauer hatten Mühe dem Geschehen zu folgen. Ehe sie es recht begriffen, galoppierte Charming Boy gelöst auf einem weiten Zirkel und man sah ihm an, wie gut es ihm tat sich einmal so richtig strecken zu können.

Nachdem Jule den Wallach sich hatte eine Weile austoben lassen, hielt sie lächelnd bei ihren Zuschauern an.

„So, jetzt kann die Arbeit beginnen", sagte sie. „Ich denke, ihr werdet staunen, was in diesem Pferd alles steckt."

Sie glaubten es ihr aufs Wort, als sie nun begann die Lektion von vorher zu wiederholen. Charming Boy war nicht wiederzuerkennen, er ging, als müsse er ein Dutzend Turnierrichter für sich gewinnen.

„Ich wusste, dass sie die Richtige für ihn ist", stellte Wölfchen vergnügt fest und applaudierte heftig.

Jana seufzte tief. Zwischen dem, was Julia und Wölfchen konnten, und ihrer eigenen Reiterei lagen Welten, das begriff sie heute zum erstenmal wirklich. Schweigend und tief in Gedanken versunken ging sie zur Küche zurück.

Es wurde ein spätes Mittagessen. In bester Laune saßen sie auf der Terrasse unter dem großen Sonnenschirm und ließen sich die Pfannkuchen à la Shakespeare schmecken.

Balthasar hatte eine Flasche Sekt geöffnet. „Das ist fast wie eine Art Verlobung!", scherzte er und erhob sein Glas. „Wir trinken darauf, dass Jule und Charming Boy sich gefunden haben. Sie sind ein gutes Paar und wir wünschen ihnen viel Glück und Segen!"

„Prost, Julia! Gratuliere!", klang es von allen Seiten.

„Ich bewundere dich!", sagte Jana, als sie mit Julia auf Charming Boy anstieß, leise. „Ich wünschte, ich könnte nur halb so gut reiten wie du!"

„Das schaffst du schon noch", antwortete Julia lächelnd. „Du hast ja den besten Lehrer, den man sich vorstellen kann. Ich meine Janusch."

Als Jana an diesem Abend nach Hause kam, fand sie ihre Mutter zu ihrer Überraschung in der Wohnung vor. Rike stand am Fenster, starrte in den Park hinaus und hatte die Arme eng um sich geschlungen, als müsse sie sich wärmen, obwohl es ein warmer Frühsommertag war.

„Hi, Mam! Tut mir leid, dass es wieder so spät geworden ist! Ich mach mich gleich an die Hausaufgaben", rief Jana fröhlich.

Ihre Mutter reagierte nicht, sie schien mit ihren Gedanken weit fort zu sein.

„Mam! Ich bin wieder da!"

Keine Antwort. Irgendetwas in der Haltung ihrer Mutter irritierte Jana. Dieser leicht gekrümmte Rücken, als wenn sie Schmerzen hätte. Die Regungslosigkeit.

„Mam?" Jana ging zu ihrer Mutter hinüber und trat neben sie. „He! Du weinst ja! Ist was passiert? Hattest du Ärger?"

Rike Brunnhofer fuhr sich hastig mit den Händen über das Gesicht, um die verräterischen Spuren unter den Augen wegzuwischen, und wandte sich ab. „Ach was, nichts ist passiert, es ist alles in Ordnung."

„Und warum heulst du dann?"

„Heulst du nicht auch manchmal?"

„Das ist keine Antwort."

„Also schön. Ich habe offensichtlich gerade ein kleines Stimmungstief. Das passiert schließlich jedem mal. So, jetzt muss ich dringend wieder runter ins Büro."

Sie wollte zur Tür gehen, doch Jana hielt sie auf. „Aber irgendeinen Grund muss es doch haben!", sagte sie unbehaglich.

„Denk mal darüber nach, vielleicht kommst du dann von allein darauf."

„Hab ich was angestellt?", fragte Jana erschrocken. „Das tut mir leid, Mam, ich weiß gar nicht ..."

„Aber nein!", unterbrach sie die Mutter lebhaft und streichelte ihr liebevoll über den Kopf. „Natürlich hast du nichts angestellt! Im Gegenteil, ich freue mich so für dich, dass du die Pferde hast, dass du wieder reiten kannst und vor allem, dass du so nette Freunde gefunden hast. Es ist einfach ...", sie wandte sich ab und schluckte heftig die von neuem aufsteigenden Tränen hinunter. „Ich arbeite bis zum Umfallen um diesen Betrieb aus den roten Zahlen zu bringen, ich habe keine Freunde, niemanden, bei dem ich mir mal alles vom Herzen reden kann, keine Zeit für ein Hobby, geschweige denn Zeit mal ein paar Tage Ferien zu machen."

„Aber du hast doch Onkel Helmut!"

„Helmut ist froh, dass er alles bei mir abladen konnte

und sich jetzt nur noch seinen Hobbys zu widmen braucht. O ja, alle sehen zu mir auf, wie ich den Laden schmeiße. Wie viel Energie und Durchhaltevermögen ich habe. Dass ich immer gelassen und fröhlich bin. Aber man kann nicht immer nur geben und geben, Jana, man muss sich auch mal wieder irgendwo aufladen, neu Energie und Mut tanken können. Bei einem Partner, bei Freunden – oder einfach, indem man mal Zeit hat sich nur um sich selbst zu kümmern und etwas zu tun, was einem Spaß macht. Aber nun genug mit der Jammerei. Vergiss, was ich gesagt habe, das sind nur so Stimmungen, die mich manchmal überkommen. Ich muss dringend wieder runter ins Hotel."

Damit verließ sie eilig das Zimmer. Jana hörte ihre hastigen Schritte auf der Treppe. Als wenn Mam vor sich selbst davonlaufen wollte, dachte sie. Sie ging in die Küche hinüber, holte sich ein Cola aus dem Kühlschrank, füllte eine Schale mit Crackern und Erdnüssen und nahm beides mit in ihr Zimmer. Auf dem Schreibtisch breitete sie die Bücher und Hefte aus, die sie für ihre Hausaufgaben heute brauchte. Doch sie konnte sich nicht konzentrieren. Immer wieder wanderten ihre Gedanken zu ihrer Mutter hinunter, die inzwischen längst in den abendlichen Trubel des Hotel-Alltags eingetaucht war, Ankommende herzlich begrüßte, Zimmer anwies, Anmeldeformulare verteilte, Sonderwünsche notierte und das Telefon bediente.

Irgendwas musste doch passiert sein, dass Mam plötzlich so deprimiert war. Hatte sie einen Brief von Papa bekommen? Nein, Jana hatte die Post heute früh selbst hinaufgebracht. Hatte sie sich mit ihrem Bruder gestritten? Es kam manchmal vor, dass die beiden sich heftig kabbelten, weil Helmut das Budget für die Küche wieder überzogen hatte. Aber solche kleinen Auseinandersetzungen waren immer schnell beigelegt. Dass Mam Ärger mit den Angestellten oder den Gästen hatte, das hielt Jana für unmöglich. Solche Dinge kommentierte sie in der Regel mit viel Humor, die gingen ihr nicht unter die Haut. Es musste etwas anderes sein.

Jana versuchte sich auf ihre Arbeit zu konzentrieren. Sie zog ihren Terminkalender heran um zu überprüfen, was in dieser Woche in der Schule Besonderes auf dem Plan stand. Plötzlich erstarrte sie. Morgen war der achte Juni und der achte Juni war Mams Geburtstag. Wie hatte sie das übersehen können! Früher, in München, hatten sie lange vorher geplant, was sie an diesem Tag unternehmen wollten. Ein Geburtstag war immer etwas ganz Wichtiges gewesen.

Jana raste ins Wohnzimmer zum Telefon und wählte Balthasars Nummer. Zum Glück kam er sofort an den Apparat. In größter Hast berichtete sie ihm. „Wir müssen irgendwie einen ganz tollen Geburtstag für Mam arrangieren, Balthasar! Kannst du mir helfen ... Oh, ich wollte sagen, können Sie mir helfen?", sprudelte sie heraus.

„Zunächst mal: bleib ruhig beim Du, Jana, einverstanden? Und dann lass uns überlegen. Das Wetter soll auch morgen so schön bleiben. Wie wär's, wenn wir deine Mutter zu einem Picknick einladen würden? Für Essen und Getränke sorge selbstverständlich ich. Und auch für die Gäste. Ich werde gleich bei Malchows anrufen. Du sprichst mit deinem Onkel, dass deine Mutter morgen ihren freien Nachmittag bekommt. Und dann wird sie von uns zu einer Fahrt ins Blaue entführt. Na? Ist das ein Vorschlag?"

„Super! Balthasar, du bist ein Schatz! Ich weiß überhaupt nicht, wie ich dir danken soll!", stammelte Jana überwältigt.

„Was ist mit einem Geschenk? Hast du schon eins?"

„Nein", gestand Jana. „Das ist das zweite Problem."

„Dann lass uns überlegen. Worüber freut sie sich denn besonders?"

Jana überlegte eine Weile. „Also, am liebsten geht sie aus, ins Theater oder in die Oper oder auch mal in ein schönes Konzert. Und Bücher mag sie. Aber sie hat ja nie Zeit zum Lesen. Ach, eigentlich mag sie alles, was schön ist: gutes Essen, Musik, interessante Filme ..."

„Na, da haben wir doch eine reiche Auswahl. Ich mache dir den Vorschlag, dass du ihr einen Gutschein für drei Theaterabende in Berlin schenkst. Die Karten besorge ich dir. Freikarten, ich habe da meine Beziehungen. Jetzt sprich mit deinem Onkel wegen morgen und dann ruf mich wieder an."

Für heute waren die Hausaufgaben vergessen. Jana hatte etwas Besseres zu tun. Zunächst musste sie Onkel Helmut von seinem Küchenherd weglotsen, ohne dass Mam es merkte, und mit ihm über den Geburtstag sprechen. Dann musste sie es irgendwie fertigbringen heimlich einen Geburtstagskuchen zu backen. Dafür brauchte sie Marthas Hilfe. Beim Besorgen eines Blumenstraußes konnte ihr sicher der kleine Schmidt helfen. Auch Kerzen musste sie beschaffen. Und dann einen originellen Gutschein basteln. Zu ihrem Glück verkroch sich die Mutter heute den ganzen Abend in ihrem Büro und konzentrierte sich auf ihre Abrechnungen. Onkel Helmut raunzte Jana zwar ärgerlich an, als sie ihn vom Herd wegholte, wo er gerade zu einem Steak eine Cognacsoße der besonderen Art zaubern wollte. Doch als er sich bewusst wurde, dass auch er den Geburtstag seiner Schwester vergessen hatte, erschrak er genauso wie Jana vorher. Er versprach sofort, bei den geheimen Vorbereitungen zu helfen. Und dass Ulrike morgen frei haben würde, war selbstverständlich. Klare Sache!

Martha hatte mitbekommen, um was es ging. Einen Geburtstagskuchen für die Chefin backe sie selbst, das ließe sie sich nicht nehmen, beteuerte sie. Heute abend, wenn die Küche für die Gäste geschlossen wurde und Frau Brunnhofer in ihre Wohnung hinaufging, würde sie sich sofort an die Arbeit machen.

„Aber das kann sehr spät werden!", gab Jana zu bedenken.

Martha lachte nur. „Und wenn schon! Die Nacht ist lang genug."

Ähnlich eifrig zeigte sich der kleine Schmidt. Er geriet fast außer sich, weil er nicht früher gewusst hatte, dass die Chefin morgen Geburtstag hatte. Pünktlich bevor Frau Brunnhofer aufstand, würde Jana den gewünschten Strauß vor ihrer Wohnungstür finden.

So blieb nur noch die Herstellung des Gutscheins, der wurde aus bunten Schnipseln zusammengeklebt. Aus

Zeitschriften ausgeschnittene Wörter und Bildteile fügte sie zu einem Mosaik zusammen, das von Opern- und Schauspielaufführungen erzählte. Sogar die Hofkarten eines abgenutzten Kartenspiels opferte sie für das Kunstwerk. Das fertige Blatt wurde aufgerollt und in einen mit Geschenkpapier beklebten Karton gelegt, der noch einmal verpackt und mit einer großen Schleife versehen wurde. Als die Mutter die Wohnung betrat, war Jana gerade mit ihrer Arbeit fertig und versteckte das Geschenk blitzschnell im Kleiderschrank.

Dann wartete sie, bis sie hörte, dass ihre Mutter das Badezimmer verließ und in ihr Zimmer ging. Nach einer Weile schlich sie sich ohne Licht zu machen ins Bad, um sich die Zähne zu putzen. Als sie wieder auf dem Flur stand, lauschte sie lange, ob aus dem Zimmer der Mutter ein Geräusch zu hören war. Doch Rike war sofort in einen tiefen Schlaf gefallen. Jana tastete sich im Dunkeln bis in die Küche. Dort suchte sie zusammen, was sie für den nächsten Morgen brauchen würde: eine große Vase, schon mit Wasser gefüllt, Kaffeetassen, Teller und Besteck, Zucker und Sahne, den Wasserkocher und den Kaffee. Und schließlich noch einen Leuchter und Streichhölzer. Morgens musste alles ganz schnell und so leise wie möglich geschehen, denn die Mutter hatte einen leichten Schlaf und wachte früh auf.

Jana musste dreimal zwischen der Küche und ihrem Zimmer hin- und herschleichen, bis sie alles hinübertransportiert hatte. Schließlich fiel ihr noch ein, dass sie auch ein Tablett brauchen würde um ihrer Mutter das Frühstück ans Bett zu bringen. Das wäre um ein Haar schief gegangen, denn die Tabletts lagen zu mehreren gestapelt auf dem Küchenschrank und das oberste, kleinste polterte mit großem Getöse hinunter, als sie eines darunter herauszog. Jana raste auf den Flur und horchte mit angehaltenem Atem, ob sich im Zimmer der Mutter etwas regte. Doch zum Glück blieb alles still. Leise kehrte sie in die Küche zurück und holte das Tablett. In ihrem Zimmer angekommen arrangierte sie darauf alles, was sie für das Frühstück brauchte. Dann stellte sie ihren Wecker auf halb sechs.

Ganz gegen ihre Gewohnheit erwachte Jana bereits fünf Minuten, bevor der Wecker klingelte. Sofort war sie hellwach. Auf Zehenspitzen schlich sie aus dem Zimmer und öffnete die Wohnungstür. Der kleine Schmidt hatte sie nicht vergessen, ein wunderschöner bunter Sommerstrauß steckte in einem Wassereimer neben dem Eingang. Aber nicht nur das: auf einem kleinen Beistelltisch stand die schönste Geburtstagstorte, die Jana je gesehen hatte, mit Marzipanrosen verziert und rosa Aufschrift auf weißem Zuckerguss: *Herzlichen Glückwunsch zum Geburtstag!* Und darauf steckten Kerzen in kleinen blütenförmigen Behältern. Jana hätte am liebsten laut aufgejubelt. Herrlich!

Vorsichtig transportierte sie ihre Schätze bis in ihr Zimmer. Es war gar nicht so leicht, alles auf dem großen Tablett unterzubringen, und sie verzichtete schließlich auf Kaffeekanne und Teller und stellte nur eine fertig bereitete Tasse Kaffee neben den Kuchen. Nun noch die Kerzen anzünden. Kurz bevor drinnen der Wecker läuten musste, öffnete Jana mit dem Ellbogen die Schlafzimmertür und schob sich mit dem schweren Tablett hinein. „Herzlichen Glückwunsch zum Geburtstag, Mama! Alles Gute für das neue Lebensjahr! Und dass du jede Menge Freude und überhaupt keinen Ärger und Kummer hast!" Sie stellte das Tablett vor dem Bett auf den Boden, während ihre Mutter sich langsam aufrichtete.

„Jana! Das ist ja Wahnsinn! Ich glaub, ich träume noch! Dieser phantastische Strauß! Und die märchenhafte Torte, ich glaube, so was Tolles habe ich in meinem ganzen Leben noch nicht bekommen. Danke, mein Schatz, ich kann's gar nicht fassen!"

„Dann trink erst mal deinen Kaffee. Ich hole inzwischen den Rest", sagte Jana vergnügt. Die Überraschung war ihr gelungen! Sie zog die Vorhänge auf. Ein strahlend blauer Himmel lachte herein, Vogelstimmen brachten ein Geburtstagsständchen. Jana holte Teller und Besteck und ihren eigenen Kaffeebecher. „Glaubst du, du bist in der Lage morgens um sechs Geburtstagstorte zu essen?", erkundigte sie sich.

„An so einem Tag? Immer!", beteuerte Rike Brunnhofer lachend. Dann holte sie tief Luft und blies die Kerzen aus. Sie schnitt für jeden von ihnen ein großes Stück Torte ab und probierte. Marthas Werk schmeckte köstlich.

„Nächster Programmpunkt: ab Mittag hast du frei. Das heißt, nicht ganz. Du hast dich zur Verfügung zu halten zu einer Fahrt ins Blaue. Rückkehr am späten Abend. Es ist alles mit Onkel Helmut und dem Hotelteam besprochen."

Ehe Rike Brunnhofer etwas erwidern konnte, hörte

man im Nebenzimmer Geflüster. Gleich darauf schallte vielstimmiger Gesang herüber, gefühlvoll und laut: „Happy birthday to you, happy birthday to you! Happy birthday, liebe Rike, happy birtday to you!"

Die Tür wurde geöffnet und Janas Mutter zog erschrocken die Bettdecke hoch. Doch es war nur ihr Bruder, der mit einem großen Blumenstrauß hereinspazierte. Der Chor der Hotelangestellten zog sich diskret zurück.

„Ihr seid ja verrückt!", sagte Rike lachend, dabei wischte sie sich verstohlen ein paar Tränen der Rührung aus den Augen. „Wieso wissen die alle, dass ich Geburtstag habe?"

„Das spricht sich eben rum", meinte ihr Bruder und schielte auf die Torte. „Kriege ich auch ein Stück?"

„Na klar! Eine Geburtstagsparty im Bett ist doch mal was anderes!" Jana holte für ihren Onkel Teller und Tasse, schenkte ihm Kaffee ein und säbelte ein extra großes Stück Torte für ihn ab. „Nur gut, dass die anderen nicht auf die Idee gekommen sind mit auf Mamas Bett zu feiern! Es wäre ein bisschen zu eng geworden." Sie lachte.

„Ich finde das einfach wunderbar!", seufzte das Geburtstagskind glücklich. „Und ich habe nichts von euren Vorbereitungen gemerkt. Ich war sicher, dass ihr meinen Geburtstag vergessen würdet."

„Aber niemals!", riefen Jana und Helmut entrüstet aus und sahen sich verstohlen an.

Nach dem zweiten Stück Torte fiel Jana ein, dass sie ja in die Schule musste. Auch Helmut erinnerte sich an seine Pflichten und ging zu den ersten Gästen hinunter, die um diese Zeit zum Frühstück kamen.

„Nicht vergessen, Mam: Steh pünktlich auf der Matte! Um drei geht sie los – unsere Fahrt ins Blaue!"

Jana war so gespannt darauf, was Balthasar sich ausdenken würde, dass sie sich im Unterricht kaum konzentrieren konnte. Die Jungen hielten dicht, sie machten geheimnisvolle Gesichter und sprachen kein Wort, wenn Jana sie nach Einzelheiten fragte. Nach der Rückkehr aus der Schule waren sie verschwunden. Um Punkt drei stand Jana neben ihrer Mutter in der Hotelhalle und wartete darauf, dass Helga Malchow oder Balthasar persönlich mit dem Auto vorfuhren um sie abzuholen. Doch statt eines Motorgeräusches näherte sich das Geläut vieler kleiner Glocken.

„Ich glaube, sie kommen, Mam!" Jana zog die Mutter nach draußen. Gerade im richtigen Augenblick um Balthasars großen Auftritt zu erleben. Er saß in einem Rokokokostüm mit Dreispitz und Degen auf dem Kutschbock einer mit Blumengirlanden geschmückten Kutsche, vor die zwei ebenfalls geschmückte und mit Glocken behängte Schimmel gespannt waren. In dem einen erkannte Jana die Stute Jenny, den zweiten musste sich Balthasar ausgeliehen haben. Geschickt brachte er das Gespann vor dem Portal zum Halten, kletterte von seinem Sitz herunter und öffnete seinem Ehrengast den Wagenverschlag. „Darf ich bitten, meine Lieben!"

Rike Brunnhofer betrachtete entzückt das bunt geschmückte Gefährt und das prächtig herausgeputzte Gespann, dann stieg sie ein. Jana nahm links neben ihr

Platz. Balthasar startete zu einer kleinen Rundfahrt über die Feldwege bis zum Bodden hinüber, den er an einer Stelle erreichte, an der der Blick auf das Wasser nicht von Schilf behindert wurde. In der Ferne war die schmale kleine Insel Hiddensee zu erkennen. Dort hatten zu Beginn dieses Jahrhunderts und bis zum zweiten Weltkrieg berühmte Künstler und Schriftsteller gelebt. Die schönen alten Häuser standen zum Teil noch und Jana nahm sich fest vor, bald einmal nach Hiddensee zu fahren.

Balthasar ließ seine Gäste aussteigen. Wie schön es hier war, dachte Jana. Im leichten Dunst konnten sie die Umrisse der Insel Hiddensee gegenüber erkennen. Am Horizont erschienen zwei Reiter, deren Pferde prall gefüllte Packtaschen trugen. Die Reiter steckten, wie Balthasar, in Kostümen, sie waren als Beduinen verkleidet und entpuppten sich beim Näherkommen als Wolfgang und Klaus. Wild gestikulierend sprangen sie aus dem Sattel, verbeugten sich tief vor dem Geburtstagskind und hatten gleich darauf aus dem mitgebrachten Gepäck in Blitzgeschwindigkeit eine orientalisch gemusterte Decke genommen, die sie als Teppich auf dem Strand entrollten. Balthasar hatte inzwischen aus der Kutsche einen niedrigen Klapptisch und ein paar Sitzkissen gezaubert, die er nun auf der Decke verteilte. Aus den Packtaschen entnahmen die zwei Beduinen emsig, was man für eine Teestunde im Freien benötigt: hübsches Geschirr, eine große Schale, auf der sie Obst und kleine Kuchen arrangierten, und eine zweite mit appetitlichen kleinen Sandwiches.

Jetzt holte Balthasar aus der Kutsche einen altmodischen Samowar, füllte ihn aus einer Thermoskanne mit heißem Wasser und entzündete die Spiritusflamme unter dem Kessel, während die Beduinen einen Sonnenschirm hinter dem Picknickplatz aufstellten. Als das Wasser zu sieden begann, zelebrierte Balthasar wie ein Butler formvollendet die Zubereitung des Tees.

Wölfchen und Klaus schien das Spiel ebenfalls Spaß zu machen, auch wenn sie immer wieder über ihre weiten Hosenbeine stolperten und sich in den ungewohnt langen Mänteln verwickelten. Sie führten zuerst ihren Ehrengast, dann Jana zu ihrem Platz und bedienten sie mit vielen Verbeugungen und theatralischen Gesten.

Jana seufzte glücklich. Welch ein Tag! Nicht nur, dass Mam strahlte und es noch gar nicht fassen konnte, dass sie mit einem so originellen Picknick verwöhnt wurde. Nein, hier am Strand zu sitzen, den Wind und die Sonne auf dem Gesicht zu spüren, den Geruch von salzigem Meerwasser in der Nase und die graue, flimmernde Wasserfläche vor Augen, das war auf eine Weise herrlich, die man nicht beschreiben, die man nur fühlen konnte. Wind, Wasser, die Weite des Himmels – und die Sonne! Jana war, als würde sie eines mit diesem allen, geheimnisvoll verbunden mit den Kräften der Natur.

Dass man neben solchen Gefühlen auch noch sehr irdische Freuden genoss, frische Erdbeeren aß und köstliche kleine Kuchen in sich hineinstopfte, das gab der Sache einen besonderen Kick, fand Jana.

„Du bist so still!" Balthasar sah Jana von der Seite an. „Woran denkst du?"

„An gar nichts", Jana reckte die Nase in den Wind, der mit ihren langen Haaren spielte. „Es ist viel zu schön zum Denken. Komisch, als ich herkam, glaubte ich, ich würde mich nie an diesen Wind auf der Insel gewöhnen. Und jetzt kann ich mir mein Leben nicht mehr ohne ihn vorstellen. Er ist wie ein Teil von mir geworden. Weißt du noch, Mam, was du mir gesagt hast, als wir im Auto auf Rügen ankamen und die Bäume so stark gerauscht haben? Jetzt sind wir zu Hause! Du hattest recht. Nun verstehe ich, was du gemeint hast."

Rike Brunnhofer drückte ihre Tochter lächelnd an sich. „Ich bin sehr glücklich hier auf Rügen zu sein. Es ist ein ganz besonderer Platz, Jana."

„Und dies ist ein ganz besonderer Tag", meldete sich Balthasar zu Wort. „Deshalb bitte ich die verehrten Herrschaften sich zur Abfahrt bereitzumachen. Man erwartet uns an unserem endgültigen Ziel."

„Was? Das war noch gar nicht alles? Jana, hast du das gewusst?"

„Ich hab keine Ahnung, was uns erwartet, Mam. Sie wollten es mir um keinen Preis verraten."

Balthasar führte sie zur Kutsche zurück, die hinter den Dünen im Schatten der Bäume stand. Während er auf Uhlenhof zufuhr, packten Wölfchen und Klaus am Strand die Requisiten des Picknicks zusammen.

Eine halbe Stunde später bog Balthasar in die Einfahrt seines Hofes ein, drehte noch eine Ehrenrunde, bei der er gekonnt mit der Peitsche knallte, bis man im Haus das Signal gehört hatte, und hielt die Pferde vor dem Eingang an. Sofort erschien die bunte Schar der

NEUE, SPANNENDE
LESEABENTEUER...
MEGA-
STARK!
MADELINE
TEMPLETON
SCHNEIDER
BUCH
Viel Spaß beim Lesen.

Theo Schwartz

Bibi und das Dino-Ei

Bibi Blocksberg, Bd. 4

Bibi und ihre Freunde haben ein versteinertes Dino-Ei gefunden. Die alte Hexe Mania möchte aus dem Ei Hexenpulver machen, aber Bibi will das Ei lieber zum Leben erwecken.

Best.-Nr. 10534
DM 14,95/ÖS 109,-

Max Kruse

Lisa und Jenny retten den Zirkus

Lisa und Jenny, Bd. 5

Ein kleiner Wanderzirkus steckt in großen Schwierigkeiten. Lisa und Jenny haben eine tolle Idee, wie sie den netten Zirkusleuten helfen können.

Best.-Nr. 10540
DM 11,95/ÖS 87,-

Mary Hooper

Chaos-Katie und das stressige Baby

Chaos-Katie, Bd. 3

Katie ist allein zu Haus mit dem Baby ihrer Schwester. Die kleine Emily entpuppt sich als waschechter Dreckspatz. Wie soll Katie bloß die Bescherung wegkriegen? Wie kann sie das Baby bändigen?

Best.-Nr- 10408
DM 12,95/ÖS 95,-

Ursel Scheffler

Heiße Ware

Ein Fall für Sara R., Bd. 4

Billy und Tom werden die Fahrräder geklaut. Ob diese Diebstähle etwas mit dem Drogenhandel in der Gegend zu tun haben?

Best.-Nr. 10434
DM 12,80/ÖS 94,-

ɪrigitte Blobel

ʌb in die Ferien!

ɔie Unzertrenn-ɪichen, Bd. 4

.ola und Viktor können ɜs kaum fassen: Sie dür-ɛn auf Mauritius Ferien ɴachen. Doch die tro-ɔische Trauminsel steckt ʳoller Gefahren: Die ꟳreundinnen geraten in ɛinen schrecklichen Sturm.

ʒest.-Nr. 10402
ƆM 12,80/ÖS 94,-

Gaby Schuster

Die Lieblingsfeindin

Das Internat am Genfer See, Bd. 7

Das hat gerade noch gefehlt!, denkt Suzanne. Mit einer eitlen Ziege wie Yvonne das Zimmer teilen zu müssen! Zwischen den Mädchen herrscht Krieg. Da gerät Suzanne unter einen schrecklichen Verdacht …

Best.-Nr. 10395
DM 14,95/ÖS 109,-

Andrea Pabel

Babuschka bleibt bei uns

Ponyhof Kleines Hufeisen, Bd. 7

Die schwarze Traberstute Babuschka kommt als Gastpferd auf den Ponyhof. Und schon bald geschehen unerklärliche Dinge um das edle Pferd ...

Best.-Nr. 10366
DM 11,95/ÖS 87,-

Tina Caspari

Pferde für den Roggenhof

Jana und Janusch, Bd. 1

Neues Leben erfüllt das schöne alte Haus auf der Ostseeinsel Rügen. Und a die Pferde auf den Hof kommen, hält es Jana kau noch aus vor Spannung. I ihr Lieblingspferd unter de Neuankömmlingen?

Best.-Nr. 10506
DM 12,95/ÖS 95,-

Ursula Isbel

Sommerwind und Hufgetrappel

Nelly, Bd. 3

Die graue Stute Lady kommt aus der Tierklinik zurück. Nelly denkt nur noch an ihr Pferd: wird Lady wieder richtig laufen können? Wie früher über die Weide stürmen?

Best.-Nr. 10535
DM 12,95/ÖS 95,-

Annette Weber

Liebe Racina
Fest im Sattel

Für Franzi gibt´s nichts Schöneres als Springturniere. Sie träumt davon eine erfolgreiche Turnierreiterin zu werden. Aber ist die Schleifenjagd wirklich so verlockend? Franzi muss sich entscheiden!

Best.-Nr. 10502
DM 12,80/ÖS 94,-

ndrea Pabel

ie sanfte
ferde-Schule

ieses Buch zeigt, wie
an das Vertrauen eines
erdes gewinnt und
hritt für Schritt die
ommunikation mit dem
erbeiner verbessert -
eim Führen, bei der
odenarbeit und
hließlich beim Reiten.

est.-Nr. 10341
M 16,95/ÖS 124,-

Edel Marzinek-Späth

Spiel und Spaß
mit Pferden

In diesem Buch zeigen wir die tollsten Reiterspiele - vom einfachen Slalom bis zum Handpferde-Rennen. Dazu viel Wissenswertes über Training, Planung und Organisation - und natürlich super Fotos!

Best.-Nr. 10575
DM 24,80/ÖS 181,-

Kerstin Sundh

Der Meisterdetektiv Michas Bruder, Bd. 2

Die ganze Familie ist verreist und der zerstreute Onkel Simon passt auf Martin auf. Doch als bei den Nachbarn eingebrochen wird, nimmt Martin die Sache in die Hand.

Best.-Nr. 10489
DM 10,95/ÖS 80,-

Thomas Brezina

Alle meine Tiger-Team-Freunde

Jetzt können sich die Fans der Erfolgsserie in ein spezielles Album eintragen. Die Tiger-Team-Freunde verraten so manches Geheimnis darin - und wer will - sogar in einer besonderen Geheimschrift.

Best.-Nr. 10624
DM 16,95/
ÖS 124,-

Wolfgang Kammer

Geheime Fracht an Bord

Vier greifen ein, Bd.

Niko und sein Freund Ei machen auf zwei Truck eine Tour nach Wien m Aber was spielt sich nachts auf dem Rastpl ab? Hier geht es doch nicht mit rechten Ding zu?

Best.-Nr. 10496
DM 12,95/ÖS 95,-

Christopher Pike

Der Schrecken aus dem All

Spook City, Bd. 4

Adam und Watch werden von Außerirdischen entführt. Ihre Freunde Sally und Cindy nehmen gemeinsam mit dem Außerirdischen Ekweel 2 die Verfolgung auf.

Best.-Nr. 10545
DM 12,95/ÖS 95,-

Thomas Brezina

Rallye durch die Todeswüste

Geheimauftrag für dich, Mark Mega und Phantom, Bd. 5

Seit langem schon steht ein junger Engländer unter dem Verdacht verbotene Waffengeschäfte zu betreiben. Mark Mega soll ihn beschatten, während er an der Rallye teilnimmt.

Best.-Nr. 10539
DM 16,95/ÖS 124,-

Thomas Brezina

Lichter im Hexenmoor

Ein Fall für dich und das Tiger-Team, Bd. 13

Notlandung im Hexenmoor! Gleich darauf verschwindet Patrick spurlos. Wurde er von den unheimlichen Kapuzengestalten entführt?

Best.-Nr. 10536
DM 16,95/ÖS 124,-

Gäste in der Tür, ließ das Geburtstagskind hochleben und applaudierte. Balthasar hatte neben den Malchows, dem Arzt, dem Pastor und seiner Frau sowie Onkel Helmut noch ein paar weitere Nachbarn eingeladen.

„Aber das ist ja unglaublich, Herr Neumann, ich weiß gar nicht, was ich sagen soll!", rief Rike Brunnhofer überwältigt aus.

„Am besten gar nichts!", schlug Balthasar vergnügt vor. „Genießen Sie es ganz einfach."

Janas Mutter sprang aus der Kutsche und wurde sofort von Gratulanten umringt. Von Umarmungen und immer neuen Glückwünschen begleitet schob man sie durch das Haus und auf die Terrasse. Vor ihr lag der festlich geschmückte Garten, mit bunten Fähnchen, Lampions und Fackeln. Und dahinter auf der angrenzenden Koppel waren ein Dutzend Pferde zu sehen, die kleine Blumensträußchen an ihren Halftern trugen.

Jana erkannte sofort, dass als Einziges von den Pferden aus dem Offenstall ihr Liebling Janusch dabei war. Schnell lief sie zu ihm hinüber. Der Wallach begrüßte sie mit einem zärtlichen Brummen und fuhr ihr schnobernd über das Gesicht.

„Schön, dass du zu unserer Party gekommen bist, mein Kleiner", sagte Jana und packte ihn liebevoll bei der Mähne. „Ich werde dafür sorgen, dass du nicht zu kurz kommst, das verspreche ich dir. Wie gut dir diese Heckenrosen stehen zu deinem schwarzen Fell! Und wie gut, dass du sie noch nicht gefressen hast!"

Balthasar hatte sich seines Kostüms entledigt. Frau Kruse trug Platten und Schüsseln mit all den Köstlich-

4 10506-4

keiten herbei, die der Hausherr im Laufe des Tages zubereitet hatte, und verteilte sie auf dem Büfett. Unter dem Grill schwelte bereits eine kräftige Glut und Onkel Helmut übernahm nur zu gern die Aufgabe Fleisch und Würste zu braten. In einer anderen Ecke des Gartens tauchte jetzt eine Gruppe von Musikern auf, die das Fest mit ihrem Spiel begleiteten. Unter einem Baum wartete der Tisch mit den Geschenken, unter denen sich auch das von Jana befand.

„Und nun lass uns tafeln wie vor Zeiten die alten Römer!", rief Balthasar und zitierte: „Lasst dicke Männer um mich sein, mit fetten Bäuchen, die nachts gut schlafen …", brach aber schnell ab, als ihm bewusst wurde, dass außer dem Pastor kein richtig dicker Mann da war. „Na ja, das passt wohl hier nicht so recht. Lasst es euch schmecken. Meine Festrede, liebe Ulrike Brunnhofer, mute ich Ihnen erst zu, wenn Sie sich gestärkt haben."

Es wurde eine lange Nacht, mit Musik und Tanz und immer neuen kulinarischen Überraschungen, denn auch Helmut von Strattvitz hatte sich verpflichtet gefühlt seine Fähigkeiten als Meisterkoch unter Beweis zu stellen. Zu fortgeschrittener Stunde sah man ihn mit Balthasar abseits unter einem Baum sitzen und bei einer Flasche Rotwein Kochrezepte austauschen.

Nachdem die Mutter unter lebhafter Anteilnahme der Gäste ihre Geschenke ausgepackt hatte und Jana wegen der Theaterkarten freudestrahlend umarmt hatte, war Jana zu Janusch gegangen. Sie hatte die Arme um seinen Hals geschlungen und redete hingebungsvoll mit ihm; glücklich, müde und ein bisschen beschwipst von der Erdbeerbowle, von der sie sich immer wieder noch einmal ein Glas nachgeschenkt hatte. „Mein liebster Freund", flüsterte sie ihm zu, „ich wünschte, du gehörtest mir! Ich wünschte, ich hätte dich bei mir auf dem Roggenhof und wir müssten uns niemals trennen!" Schläfrig blinzelte sie zum Sternenhimmel hinauf. Plötzlich richtete sie sich lebhaft auf. „He! Hast du das gesehen? Eine Sternschnuppe, Janusch! Was man sich beim Fall einer Sternschnuppe wünscht, geht in Erfüllung! Janusch! Das wär ja irre!"

Dass das Geburtstagsfest ein voller Erfolg gewesen war, merkte Jana in den folgenden Tagen. Noch nie war ihre Mutter so beschwingt durchs Haus gelaufen, hatte so fröhlich und unternehmungslustig ausgesehen. Zum erstenmal, seit sie hier auf Rügen waren, hatte Ulrike Brunnhofer gespürt, dass sie Freunde hatte, bei denen sie sich wahrhaft geborgen fühlen konnte. Das machte die Arbeit leichter und gab ihr neue Kraft bei der schwierigen Aufgabe Einnahmen und Ausgaben ins Gleichgewicht zu bringen und auch schwierigen Gästen immer ein freundliches Gesicht zu zeigen.

Jana achtete darauf bei aller Pferdebegeisterung, der Arbeit im Stall und auf dem Reitplatz jeden Tag ein wenig Zeit für ihre Mutter zu reservieren. Und wenn es gar nicht anders ging, überredete sie sie, abends zum Uhlenhof hinüberzukommen und ein Glas Wein mit Balthasar zu trinken, bis sie mit den Pferden fertig war und sie zusammen nach Hause fahren konnten.

So auch heute. Jana hatte gemeinsam mit Wölfchen, Klaus und Balthasar einen Ausritt gemacht. Nun mussten sie die Pferde noch versorgen und füttern. Balthasar longierte auf dem Reitplatz inzwischen Charming Boy, den Julia erst Ende des Monats mitnehmen wollte, wenn sie ihren Reitbetrieb fertig eingerichtet hatte.

Jana war ins Haus gelaufen um ihre Mutter anzurufen und hatte ihr gesagt, dass sie noch zu tun hätten, dass aber Balthasar sie alle zum Abendessen einladen wollte. Rike Brunnhofer hatte versprochen so bald wie möglich zu kommen.

Jana legte gerade den Hörer auf, als Klaus hereingestürmt kam. Sein Gesicht war schneeweiß und er hatte Mühe zusammenhängende Worte über die Lippen zu bringen. „Jana, es ist was passiert ... Balthasar ... einen Krankenwagen, schnell!"

Eins-eins-null, fiel Jana automatisch ein. Sie wählte

die Nummer und reichte Klaus den Hörer. Der gab hastig die Meldung durch. Vermutlich ein Herzinfarkt, dringende Hilfe war nötig ...

Jana zitterten die Knie. „Und was können wir inzwischen tun? Ich rufe auf jeden Fall Doktor Butenfeld an, seinen Hausarzt. Und deinen Vater. Der kann doch auch Menschen behandeln!"

„Jedenfalls kann er besser als wir erste Hilfe leisten. Tu das, ich gehe wieder zu ihm."

„Ich komme gleich nach." Jana suchte die Telefonnummer des Arztes heraus und gab die Nachricht von Balthasars Zustand weiter. Wie immer nach der Sprechstunde war Dr. Butenfeld unterwegs und wurde erst in einer halben Stunde zu Hause erwartet. Doch seine Frau versprach, ihn über Funk zu benachrichtigen.

Die Nummer der Malchows kannte sie inzwischen auswendig und den Tierarzt erreichte sie zum Glück sofort. „Ich fliege ...", sagte Dr. Malchow nur und hatte schon aufgelegt.

Als Jana auf den Hof hinauslief, hörte sie bereits das Geräusch des schnell herannahenden Hubschraubers. Wölfchen winkte dem Piloten mit einer weißen Satteldecke und wenig später landete der Pilot auf der Koppel hinter dem Reitplatz. Ein Arzt und ein Sanitäter mit einer Krankentrage sprangen heraus und liefen zu ihnen herüber.

Jana hatte sich neben den Kranken gekniet und hielt seine Hand. Balthasars Atem ging röchelnd, er rang nach Luft.

„Balthasar!" Jana schluchzte auf. „Balthasar, dir darf

nichts passieren, wir brauchen dich doch! Du musst wieder gesund werden, hörst du mich?"

Doch Balthasar war weit fort. Jana musste dem Arzt Platz machen. Dann ging alles sehr schnell. Die Untersuchung, eine Infusion, eine Sauerstoffmaske wurde Balthasar übergelegt, der Arzt und der Sanitäter legten ihn vorsichtig auf die Trage.

Jana war froh, dass sie in diesem Augenblick den Wagen der Mutter auf den Hof kommen hörte. Fast gleichzeitig mit ihr kam Dr. Malchow an. Jana schmiegte sich in die Arme der Mutter und erzählte unter Tränen, was passiert war, während der Tierarzt mit der Hubschrauberbesatzung verhandelte und erreichte, dass er, als dem Kranken nahestehender Freund, den Transport begleiten durfte. Minuten später hob der Hubschrauber ab und war bald knatternd am Horizont verschwunden.

Bedrückt machten sich Jana und die beiden Jungen an die Arbeit. Ulrike Brunnhofer ging ins Haus um in der Nähe des Telefons zu bleiben und nebenher das von Balthasar geplante Abendessen herzurichten, obwohl alle beteuert hatten keinen Appetit zu haben. Doch: „Auf wen jetzt doppelte Arbeit zukommt, der muss ordentlich essen, damit er bei Kräften bleibt", hatte Rike gesagt. „Balthasar wäre enttäuscht, wenn er wüsste, dass sein liebevoll vorbereitetes Mal verschmäht würde."

Als Jana, Wölfchen und Klaus eine Stunde später das Haus betraten, hatte Dr. Malchow gerade aus dem Krankenhaus angerufen. Balthasar war außer Lebensgefahr. Er befand sich auf der Intensivstation und würde längere Zeit im Krankenhaus und später wohl in einer Rehabilitationsklinik bleiben müssen. Besuchen durfte ihn vorerst niemand, aber in ein paar Tagen würde das möglich sein.

Diese Nachricht baute Balthasars freiwilliges Team immerhin so weit auf, dass sich die drei jungen Reiter mit Heißhunger auf das Abendessen stürzten. Balthasar würde wieder gesund werden, auch wenn das einige Zeit dauern würde. Doch die Hauptsache war, dass er zurückkehrte! Es war fast ein Grund zum Feiern, denn insgeheim hatten sie alle befürchtet, dass sie ihren verehrten alten Freund nicht wiedersehen würden. So genossen sie das Essen, während ihre Gedanken zu dem liebenswerten alten Schauspieler wanderten.

„Gut, dass die Ferien bald beginnen!", sagte Jana in die Stille hinein. „Dann haben wir jede Menge Zeit uns um die Pferde zu kümmern."

„Du sagst es." Wölfchen legte seufzend seine Gabel hin. „Jetzt werden wir erst richtig merken, wie viel Balthasar im Stall gearbeitet hat und wie wenig im Vergleich dazu wir."

„Na ja", ließ sich Klaus vernehmen, „wenn er auf Reisen war, haben wir das schon ganz schön gemerkt. Nur haben wir dann alles nicht so gründlich gemacht wie er. Es war ja nie für lange."

Wölfchen grinste. „Die größte Arbeit war immer, Platz für neue Pferde zu schaffen!"

„Na, das müssen wir diesmal nicht. Das Krankenhaus liegt mitten in Stralsund."

„Aber die Reha-Klinik nicht!", bemerkte Jana.

„Meinetwegen soll er so viele Pferde von dort mitbringen wie er will", brummte Wölfchen. „Wenn er nur gesund zurückkommt."

„Vielleicht solltet ihr Julia anrufen", schlug Rike Brunnhofer vor. „Wäre doch möglich, dass sie Zeit hat euch vorübergehend zu helfen."

„Versuchen können wir's ja mal", stimmte Jana der Mutter zu. „Obwohl ich mir nicht vorstellen kann, dass sie jetzt von ihrem Betrieb weg kann, so kurz vor der Eröffnung."

„Jedenfalls werde ich so lange hier auf dem Hof wohnen, bis Balthasar zurückkommt", beschloss Wölfchen. „Und Frau Kruse sicher auch. Das tat sie immer, wenn Balthasar länger auf Reisen war."

„Dann bin ich beruhigt." Janas Mutter begann das Geschirr zusammenzustellen. „Denn schließlich musst du in die Schule, Jana, und einer sollte unbedingt ständig hier anwesend sein, solange Tiere auf dem Hof sind. Ich rufe jetzt Frau Kruse an und sage ihr Bescheid. Und ihr seid bitte so lieb und räumt die Küche auf."

Zu Hause hätten sie vermutlich protestiert, doch für Ulrike Brunnhofer sprangen Wölfchen und Klaus sofort auf um das Geschirr in die Küche zu tragen. Jana brauchte fast nichts mehr zu tun. Während sie das Geschirr aufstapelten und die Essensreste im Kühlschrank verstauten, berieten die drei, wie sie sich in den kommenden Wochen die Arbeit einteilen wollten.

„Wenn es euch recht ist, übernehme ich den Offenstall", schlug Jana vor. „Er liegt auf halbem Weg zum Roggenhof, ich kann mich, wenn's eng wird mit der

Zeit, gut von zu Hause aus um die Pferde kümmern."

„Damit du noch einen Grund mehr hast bei deinem geliebten Janusch rumzuhängen!", zog Klaus sie auf.

„Na und? Wir sind genauso ein Paar wie Julia und Charming Boy." Das stimmte zwar nicht ganz – noch nicht, dachte Jana. Aber sie würden es schon werden.

„Ihr könnt ja Doppelhochzeit feiern."

„Blödmann! Alles fertig? Dann fahre ich jetzt zum Offenstall rüber. Wir sehen uns morgen früh hier zum Füttern. Tschüs!"

„Du brauchst nicht zu kommen, wir zwei schaffen das schon", rief Wölfchen ihr großzügig nach.

Klaus fuhr empört auf. „Warum sagst du das zur Abwechslung nicht mal zu mir? Wenn sie unbedingt kommen will, lass sie doch kommen. Und ich könnte mal eine Stunde länger schlafen."

„Und wann schlafe ich aus? Okay, okay. Ich sehe schon, wir müssen einen schriftlichen Plan machen. Morgen kommt Jana, übermorgen du."

„Ach, muss ja nicht sein. Ich hab ja nur gemeint", brummte Klaus.

Das Auftauchen Rike Brunnhofers beendete die Diskussion. „Ihr seid ja schon fertig! Frau Kruse ist bereits unterwegs, sie wird für die nächste Zeit hier nach dem Rechten sehen – und aufpassen, dass Wölfchen anständig frühstückt, hat sie mir gesagt! Wo ist Jana?"

„Schon auf dem Weg zum Offenstall", gab Klaus Auskunft. „Ihren Liebling ins Bett bringen. Sie treffen sie unterwegs. Würden Sie mich mitnehmen, Frau Brunnhofer?"

„Aber klar, komm mit, ich fahr dich schnell nach Hause. Jana sammeln wir an der Koppel auf. Was für ein Tag! An Aufregungen hab ich für's Erste genug."

„Hauptsache ist doch, dass Balthasar außer Lebensgefahr ist", sagte Wölfchen ganz ernst.

„Da hast du recht." Rike Brunnhofer lächelte. „Deshalb will ich auch nicht meckern. Gute Nacht, Wolfgang. Ich muss es dir mal sagen: du bist große Klasse!"

„Und sie meint ausnahmsweise mal nicht deine Länge!", konnte sich Klaus nicht verkneifen.

Jana konnte sich von Janusch mal wieder nicht trennen. In allen Einzelheiten erzählte sie ihm, was passiert war. „Ich bin so froh, dass alles wieder gut werden wird!", flüsterte sie ihm zu. „Ich hatte solche Angst um ihn. Aber Balthasar wirft so leicht nichts um. Bald ist er wieder bei uns. Da kommt Mam! Gute Nacht, mein Guter! Nacht, ihr alle! Bis morgen früh!"

Sie ahnte nicht, dass keineswegs alles so einfach und gut werden würde. Als sie später in ihrem Zimmer über den Hausaufgaben saß, klingelte das Telefon. Wölfchen war am Apparat.

„Hi, großer Wolf! Du?", sagte Jana überrascht. „Was ist los? Es ist doch nichts passiert?"

„Doch", sagte Wölfchen so sachlich, als teile er ihr die Abfahrtszeiten der Züge nach Berlin mit. „Eine Katastrophe."

„Eine Katastrophe? Soll das ein Witz sein?", fragte Jana nervös. „Nun red schon!"

„Wir müssen morgen eine Krisensitzung abhalten, Klaus, du und ich. Morgen Abend bei uns zu Hause.

Sieh zu, dass du das hinkriegst, okay? Nacht, Jana." Es knackte in der Leitung. Er hatte aufgelegt.

„Wölfchen? Wolf!" Jana starrte ärgerlich den Hörer an. „Dem würde auch kein Zacken aus der Krone fallen, wenn er mal drei Takte mehr reden würde. Katastrophe! Was soll das heißen?" Aber es half nichts. Sie musste sich bis zum nächsten Morgen gedulden.

„Also? Erfahre ich jetzt, was los ist?" Mit diesen Worten stürmte Jana am nächsten Morgen ohne Begrüßung in den Stall und stellte sich Wölfchen in den Weg.

Der hatte bereits mit der Morgenfütterung begonnen. Er drehte sich zu Jana um und sah sie ungewohnt ernst und nachdenklich an. Er konnte kaum geschlafen haben, so blass war er, um die Augen lagen tiefe Schatten.

„Und? Nun sag schon!" Jana starrte ihn ängstlich an.

„Mein Vater hat gestern noch mit dem Arzt geredet. Es führt kein Weg daran vorbei: Balthasar muss die Pferde abgeben. Er darf überhaupt keine körperlich schwere Arbeit mehr tun und auch nicht mehr reiten. Du weißt, was das bedeutet."

„Was?", stammelte Jana tonlos.

„Die Pferde müssen vom Hof. Ins Tierheim, zu anderen Besitzern oder auf einen Gnadenhof ... was weiß ich."

„Alle?", fragte Jana entsetzt.

„Klar. Alle."

„Das darf nicht passieren! Wölfchen! Das dürfen wir doch nicht zulassen!"

„Wir reden heute Abend darüber, okay? Um acht bei mir. Ich bringe dich später nach Hause, muss dann ja zum Uhlenhof zurück. So, jetzt schau, dass wir hier fertig werden, sonst kommen wir zu spät in die Schule."

Der hatte die Ruhe weg! Jana wäre ihm am liebsten an die Kehle gesprungen. Empfand er denn gar nichts dabei, wenn er so ungeheuerliche Sachen sagte? Aber es war nicht die Zeit über solche Fragen zu diskutieren. Jetzt waren die Pferde dran und sie musste noch mit dem Futter zum Offenstall hinaus. Heute Abend! Heute Abend würde sie ihm kräftig die Meinung sagen!

Doch als sie nach dem Abendessen mit dem Fahrrad nach Raschvitz zum Haus der Malchows hinüberfuhr und kurz darauf Wölfchens Zimmer betrat, waren solche Gedanken vergessen. Zu groß waren die Sorge um die Pferde und die Angst sie zu verlieren.

Die Brüder erwarteten sie schon. Jana sah sich im Zimmer um. Es war groß und hatte weiße Wände. Das Mobiliar bestand aus dem Allernötigsten, einem rustikalen Holzbett Marke Eigenbau, aus groben Klötzen zusammengesetzt, aus einer schlichten Holzplatte auf Böcken vor dem Fenster, vollgepackt mit Büchern und Schreibkram, einem Wandschrank und einem großen Bücherregal. Über dem Bett hing ein riesiges Poster, das Linda Tellington-Jones mit einem ihrer Pferde zeigte. Und daneben eines mit einer Herde Wildpferde. Das war alles. Keine Vorhänge, kein Teppich, keine Souvenirs oder andere persönliche Gegenstände. Das Zimmer war so karg eingerichtet, wie es Wölfchens Redefluss war. Das Einzige, was es im Überfluss gab, waren Bücher. Und soweit Jana bei ihrem flüchtigen Blick feststellen konnte, zum großen Teil Pferdebücher.

Wölfchen thronte mit untergeschlagenen Beinen auf seinem Bett. Klaus wies kurz auf den Schreibtischstuhl und Jana setzte sich, während Klaus sich auf die breite Fensterbank verzog.

Wölfchen kam ohne Umschweife zur Sache. „Also: neuester Stand der Dinge: Julia kommt Ende der Woche und holt Charming Boy ab, außerdem alle, die in Uhlenhof im Stall stehen. Sie will sie teilweise in ihrem Schulbetrieb einsetzen, teilweise selber für sie gute Plätze suchen. Die Sorge wären wir also los."

„Das finde ich gut von Jule!", platzte Jana heraus. „Ich meine ... die Kosten, die Belastung ... allein der Transport!"

„Du sagst es. Bleiben unsere Offenstallpferde. Für die müssen wir selbst gute Plätze suchen, das Tierheim in Stralsund hat keine Möglichkeit sie zu übernehmen", berichtete Wölfchen weiter. „Wir haben schon angefragt. Die haben kein Geld!"

„Das wird verdammt schwierig werden", seufzte Klaus. „Haflinger gibt's wie Sand am Meer. Die Ponys sollen nicht zu Kindern, bei denen sie so schlecht gehalten werden wie in der Zeit, bevor sie zu Balthasar kamen. Jenny ist zu alt und die arme Katinka mit ihrem blinden Auge und ihrer Verstörtheit, seit sie so misshandelt wurde, die will sowieso keiner. Am einfachsten ist es noch mit Janusch, den nehmen sie vielleicht in einer Reitschule."

„Nein!“, schrie Jana entsetzt auf. „Nicht Janusch! Ich meine, Janusch darf nicht fort! Er hat genauso ein schlimmes Schicksal hinter sich, ihr könnt ihn nicht wieder Menschen aussetzen, die ihn vielleicht schlecht behandeln!“

„Jana, natürlich wird sich mein Vater die Leute gründlich ansehen. Aber wir sind in Zeitdruck! Wenn Balthasar aus der Klinik kommt, muss alles gelaufen sein und die Pferde vom Hof. Sonst ist es zu schlimm für ihn, sagt Papa.“

„Wie wäre es denn ...“, Jana schluckte. Der Gedanke, der ihr gerade durch den Kopf schoss, war absolut abenteuerlich. Und doch! „Wie wäre es, wenn wir sie auf den Roggenhof brächten?“

Wölfchen grinste breit und sah sie mit einem so unergründlichen Blick an, dass sie völlig irritiert war.

„Ist was? Hab ich was Blödes gesagt?“, fragte sie unsicher.

„Im Gegenteil. Du hast genau das gesagt, worauf ich im Stillen gehofft hatte. Aber wie willst du das hinkriegen?“

Jana dachte aufgeregt nach. „Ich würde sagen, es ist erst mal nur vorübergehend. Bis Balthasar sich erholt und eine Lösung gefunden hat. Und mit Balthasar selbst würde ich natürlich auch reden, damit nichts schief geht.“ Jetzt kam ihr der Gedanke schon nicht mehr so abenteuerlich vor. Im Gegenteil. Eigentlich war es doch ganz logisch. Sie musste nur diplomatisch vorgehen. „Lasst es mich mal versuchen, ja? Und mischt euch am besten überhaupt nicht ein.“

Wölfchen musterte sie prüfend. „Das wird auch besser sein. Ich will gar nicht wissen, was du vorhast."

Klaus grinste. „Viel Glück! Meinen Segen hast du. Für legale und illegale Versuche."

Drei Tage später bekamen sie die Erlaubnis Balthasar zu besuchen.

Dr. Malchow war jeden Abend bei ihm gewesen und hatte ihm den Beschluss des Arztes, er müsse die Pferde aufgeben, bereits schonend beigebracht. Jetzt konnte er diese bittere Pille mit der Nachricht versüßen, dass Julia den größeren Teil seiner Lieblinge übernehmen würde. Über die anderen müsse man bei Gelegenheit reden, wenn es ihm besser ginge. Vorerst wären sie von Jana und den beiden Jungen bestens versorgt. Und eines müsste Balthasar natürlich versprechen: von einer Reise nie wieder ein Pferd mit nach Hause zu bringen!

Dieses Versprechen wollte Balthasar nicht so recht über die Lippen. Er wich dem Thema aus und sagte, man würde einen so alten, kranken Mann ohnehin nicht mehr zu Film- oder Fernsehaufnahmen holen und das Theaterspielen würde er in Zukunft freiwillig aufgeben. Er habe eingesehen, dass lange Abende auf der Bühne ihn zu sehr anstrengten.

Jana hatte mit den beiden Brüdern verabredet, dass sie getrennt zu ihrem alten Freund gehen würden. Sie musste unbedingt allein mit Balthasar sprechen!

Der kleine Schmidt, der in Stralsund etwas für das Hotel zu besorgen hatte, nahm sie im Auto mit. Bevor er sie am Krankenhaus absetzte, mussten sie in die Innenstadt. Sie stellten ihren Wagen auf dem Parkplatz auf der Weingartenbastion am Knieperteich ab, überquerten den Frankenwall, eilten durch ein Gässchen, das den lustigen Namen *Zipollenhagen* führte, und standen gleich darauf auf dem neuen Markt. Während der kleine Schmidt seine Besorgung machte, sah Jana andächtig an dem wuchtigen Backsteinhaus der Marienkirche hinauf. Wie klein die umliegenden Häuser dagegen wirkten! Ja, sie musste sich unbedingt bald für einen ausgiebigen Erkundungstag in dieser schönen alten Stadt Zeit nehmen. Heute war das nicht möglich, dazu war sie viel zu aufgeregt. Sie konnte an nichts anderes als an ihr Gespräch mit Balthasar denken.

Sie hatte nicht damit gerechnet ihn so elend zu sehen. Er wirkte so schwach und zerbrechlich, dass sie am liebsten nur still an seinem Bett gesessen und seine Hand gehalten hätte.

Doch dann schnitt er selbst das Thema an. „Wie geht es Janusch und den anderen?"

„Oh, gut! Sie lassen alle grüßen", erklärte Jana betont munter und überspielte ihre Nervosität mit einem Lachen. „Übrigens wollte ich etwas mit dir besprechen. Was hältst du davon, wenn wir die Offenstallpferde für den Roggenhof übernehmen? Onkel Helmut wollte ja eigentlich sowieso ein Reiterhotel daraus machen. Boxen sind genug da und auch die zwei Koppeln hinter dem Park gehören zum Hotel. Nur mit dem Kaufpreis für die Pferde ist das natürlich so eine Sache. Du weißt ja, wie es mit den Finanzen bei uns steht."

Balthasars Augen leuchteten. „Auf den Roggenhof! Ganz in meine Nähe ... das wäre ja wunderbar! Ich könnte sie sehen und wüsste, dass es ihnen gut geht. Was redest du da von Kaufpreis! Ich schenke euch die Pferde! Dass sie es so gut haben werden, ist mir Bezahlung genug. Und dass es ein ‚sanfter' Reitbetrieb wird, dafür bist du mir die Garantie. Du und die Jungen."

Plötzlich hatte Jana es sehr eilig nach Hause zu kommen. Sie besaß fünf Pferde und zwei Ponys! Und Balthasar war glücklich sie auf dem Roggenhof untergebracht zu wissen. Ein bisschen zitterten ihr doch die Knie, wenn sie an das dachte, was sie nun erwartete.

Zunächst wollte sie mit Onkel Helmut reden. Der war das kleinere Hindernis. Sie hatte Glück, er hatte gerade sein Nachmittagsschläfchen beendet und sich einen Espresso gemacht, bevor er an seinen Schreibtisch zurückkehren musste.

Jana kam sofort zur Sache. „Onkel Helmut, du musst mir helfen! Wir haben ein großes Problem."

„Na?" fragte ihr Onkel gutgelaunt. „Schieß los! Probleme sind dazu da gelöst zu werden."

„Wir haben doch diesen wunderbaren Stall, der unnütz leer steht. Und da ist diese Schwierigkeit mit Balthasars Pferden. Mehr als die Hälfte sind inzwischen untergebracht. Übrig sind die, die er auf keinen Fall hergeben wollte. Doch der Arzt verlangt, dass sie vom Hof kommen, bevor Balthasar aus der Klinik entlassen wird, damit er sich nicht so aufregt. Geht es nicht, dass wir sie vorübergehend auf dem Roggenhof unterstellen? Für kurze Zeit, meine ich!", fügte sie hastig hinzu.

Auf Helmuts Gesicht erschien ein so verträumter Ausdruck, dass Janas Herz klopfte. „Pferde auf dem Roggenhof ..." Doch dann wurde er sachlich. „Natürlich muss das genau überlegt werden. Also, na ja, es ist ja eigentlich nicht nur meine Sache. Wenn deine Mutter einverstanden ist, hätte ich nichts dagegen."

„Ich wusste es", Jana sah ihn so naiv-bewundernd an, wie sie konnte. „Ich wusste, dass du den armen Balthasar nicht im Stich lassen würdest! Der Abschied von den Pferden könnte ihm das Herz brechen!"

„Eben!", stimmte ihr Onkel Helmut ernsthaft zu. Er war sichtlich froh über seine gute Tat. „Man kann ihn in so einer Situation nicht im Stich lassen."

Jana verabschiedete sich mit einem Kuss und machte sich auf die Suche nach ihrer Mutter. Sie machte einen Umweg über die Küche. Mit Martha, der Köchin, war sie inzwischen ein Herz und eine Seele, seit sie täglich das trockene Brot und die von den Gästen übriggelassenen Äpfel für die Pferde abholte.

„Martha, was trinkt Mama um diese Zeit am liebsten?"

„Gabuccino. Soll ich dir einen machen? Und frischen Gäseguchen hätt ich. Grade aus'm Ofen."

„Käsekuchen? Super! Da nehm ich ein Stück mit."

„Is irgendwas?", erkundigte sich Martha. „Hat se Ärcher? Oder Brobleme?"

„Noch nicht. Aber gleich wird sie welche haben!" Mit einem Tablett voller Kuchen und zwei großen Tassen Cappuccino betrat Jana das Büro ihrer Mutter. „Zeit für die Kaffeepause, Mam!"

„Kind! Schon zurück von deinem Besuch bei Balthasar?"

Jana stellte das Tablett vor die Mutter hin. „Schönen Gruß von Martha, der Kuchen kam gerade aus dem Ofen. Gäseguchen. Ja, ich soll dich herzlich von Balthasar grüßen. Er sieht schrecklich elend aus. Aber geistig ist er topfit wie immer. Er hat mich natürlich sofort nach seinen geliebten Pferden ausgefragt. Mama, er macht sich so schreckliche Sorgen! Dass Julia die anderen mitnimmt, tröstet ihn natürlich, aber seine Lieblinge ... Es wird furchtbar für ihn, wenn die Offenstall-Pferde auch alle wegkommen. Andererseits drängt der Arzt, dass sie alle fort sein sollten, wenn Balthasar wieder heimkommt um ihm den Abschiedsschmerz und die Aufregung zu ersparen. Was hältst du davon, wenn wir die Pferde vorübergehend auf dem Roggenhof unterstellen? Nur für ganz kurze Zeit!"

Ulrike Brunnhofer hatte ihrer Tochter mit wachsender Unruhe zugehört. Sie ahnte, dass sie da zu etwas überredet werden sollte, das sie normalerweise ablehnen würde. Abwartend sah sie Jana an, die unter dem Blick der Mutter ins Stocken geriet.

„Hm, ja, also, was ich sagen wollte, Onkel Helmut ist übrigens auch sehr dafür. Er meint, das sei man dem armen Balthasar schuldig."

„Meint er das. Und wo ist der Haken?"

„Welcher Haken, Mam?" Bei der Mutter kam der Augenaufschlag nicht so gut an, sie kannte Jana.

„Na, zum Beispiel: wer trägt die Kosten?" Rike war ernst geworden.

„Bei Balthasar lagert noch jede Menge Futter und es wäre doch nur für vorübergehend, ich meine ..."

Jana wurde kochend heiß. Lügen war noch nie ihre Sache gewesen und wenn sie es jetzt tat, dann nur, weil sie überzeugt davon war ein gutes Werk zu tun. Für Janusch würde ich sogar auf die Barrikaden gehen, dachte sie, oder was man da so macht. Sitzstreik oder so.

„Und was verstehst du unter vorübergehend? Eine Woche, einen Monat?"

„Na ja, es ist schwer das genau zu sagen. Das hängt doch davon ab, wie es Balthasar geht, und ..." Jana verstummte. Sie wusste nicht weiter.

Rike Brunnhofer trank nachdenklich ihren Kaffee. Sie schwieg lange. Jana spürte ihren Magen vor Nervosität wie eine steinerne Kugel. Sie wagte kaum zu atmen.

„Also gut, Jana", sagte die Mutter schließlich. „Unter folgenden Bedingungen: dass uns keine zusätzlichen

Kosten dadurch entstehen, denn die kann sich das Hotel im Moment nicht leisten. Dass Balthasar – oder die Malchows in seinem Auftrag – eine Haftpflichtversicherung abschließen, falls durch die Pferde etwas passiert. Und dass dafür gesorgt ist, dass der Hotelbetrieb nicht gestört oder beeinträchtigt wird."

„Klar, Mam! Klar!" Jana brachte die Worte kaum hervor.

„Tut mir leid wenn sich das in deinen Ohren jetzt alles sehr kalt und geschäftsmäßig anhört. Natürlich tun mir die Pferde leid, und natürlich habe ich Mitgefühl mit Balthasar." Rike Brunnhofer stand auf und ging zum Fenster. „Aber ich habe mit dem Hotel gerade genug Probleme, ich kann mir keine weiteren aufladen. Das musst du bitte verstehen, Kind."

„Versteh ich ja auch, Mam. Total! Ich werde dafür sorgen, dass weder du noch die Gäste etwas merken!"

Eine halbe Stunde später erschien Jana auf dem Uhlenhof. Dort herrschte Aufbruchstimmung. Julia war soeben gekommen um am nächsten Morgen die ersten Pferde zu verladen und mit sich zu nehmen. Jana erzählte atemlos von ihrem Erfolg und von den Auflagen, die die Mutter gemacht hatte.

„Kein Problem", sagte Wölfchen. „Die Haftpflichtversicherung besteht bereits, sie muss nur auf euch umgeschrieben werden. Und für das andere werden wir schon sorgen."

Eine Woche später zogen Janusch und seine Weidegefährten auf den Roggenhof. Jana und die Jungen hatten alles für ihren Einzug vorbereitet. Die Boxen waren hergerichtet und das Futter herübertransportiert, wobei der kleine Schmidt sich als ein großartiger Helfer mit erstaunlichem Pferdeverstand entpuppt hatte. Wie er schließlich zögernd gestand, hatte er einmal Jockey werden wollen. Allerdings hatte er es nicht fertiggebracht seine Pferde rücksichtslos genug ins Ziel zu jagen.

Onkel Helmut hatte so begeistert geholfen, dass er seinen Küchendienst vergessen hätte, wenn Martha nicht energisch nach ihm gerufen hätte. Rike Brunnhofer war wegen eines Zahnarzt-Termins nach Stralsund gefahren und wurde erst am Abend zurückerwartet. Das war Jana ganz recht, so bekam die Mutter von dem Umzug wenig mit. Morgen früh war dann alles gelaufen.

Natürlich hatte Janusch die schönste Box bekommen, mit einem großen Fenster zum ehemaligen Gemüsegarten hin. Jana blieb noch lange bei ihm, nachdem die anderen gegangen waren. Die fünf Pferde und die beiden Ponys schienen sich in ihrer neuen Umgebung schon wohl zu fühlen. Bibi und Spotty teilten sich eine geräumige Box. Jenny und Katinka standen nebeneinander und konnten sich durch das Trenngitter sehen und berühren, so wie sie es mochten. In den Boxen gegenüber standen Leo und Löwe nebeneinander.

Ich bin so glücklich, dass es geklappt hat! dachte Jana. Ein Stall voller Pferde in Roggenhof, so wie früher. Ich kann's noch gar nicht fassen. Ich muss mich kneifen um zu spüren, dass es Wirklichkeit ist.

Als sie endlich in die Wohnung hinaufkam, war ihre Mutter schon zu Bett gegangen. Jana beschlich ein seltsames Gefühl der Angst, so als lägen drohend schwarze Gewitterwolken über ihr. Kein Zettel, kein Gutenachtgruß von Mam? Das war ungewöhnlich. Oder ging es ihr nach dem Zahnarztbesuch so schlecht? Beklommen verzog sich Jana ins Bett. Sie konnte lange nicht einschlafen.

Der nächste Tag war ein Sonntag. Natürlich war Jana bereits um sechs auf den Beinen um pünktlich im Stall zu sein. Die Mutter schlief noch fest. Jana war froh darüber.

Sie war nicht die Erste im Stall. Sowohl Wölfchen als auch der kleine Schmidt waren bereits da um mit der Morgenfütterung zu beginnen, die Boxen auszumisten und später die Pferde gründlich zu putzen. Es dauerte nicht lange, und auch Onkel Helmut erschien. Im Stall herrschte eine Stimmung wie vor einem Jubiläumsturnier. Jana hatte sich selten so glücklich gefühlt. Fast vergaß sie die quälende Unruhe in der Magengegend.

Doch dann schlug der Blitz ein. Heike, eines der Hausmädchen, erschien in der Stalltür mit dem Auftrag Jana zu ihrer Mutter zu holen. In diesem Augenblick wurde Jana schlagartig klar, in welcher Situation sie sich befand. Ihr war, als gäbe der Boden unter ihr nach.

Die Mutter stand am Fenster und starrte in den Park hinaus. Jana schloss zögernd die Tür hinter sich.

„Ich war gestern bei Balthasar", sagte Rike Brunnhofer kühl und ohne jede Einleitung. „Ich weiß nicht, ob du dir auch nur annähernd vorstellen kannst, in welche Situation du mich da gebracht hast. Dass du mich angelogen hast, ist schlimm genug. Aber dass du deinen alten Freund hintergangen hast, ihm Versprechungen gemacht hast, die du nicht einhalten kannst, und riskiert hast, dass er einen neuen Herzanfall bekommt, wenn er die Wahrheit erfährt – Jana, das hat mich wirklich entsetzt. Mein Gott, Mädchen, ich begreife nicht, was in deinem Kopf vorgegangen ist! Du kannst doch nicht so egoistisch sein, nur weil du dich von diesen Pferden um keinen Preis trennen willst!"

Jana spürte, wie ihr die Tränen in die Augen schossen. „Das wollte ich nicht, Mam, ehrlich! Ich ... wir ... wir wollten doch nur helfen! Verhindern, dass sie wieder in schlechte Hände kommen! Kannst du das nicht verstehen? Und wir dachten, wenn Onkel Helmut eigentlich sowieso einen Reiterhof hier aufziehen wollte, könnte man's doch zumindest mal versuchen!"

„Na toll! Wir haben sieben Pferde und kein Geld sie zu unterhalten. Ist das deine berühmte Tierliebe? Aber klar, Mama macht das schon, die schafft schließlich auch das noch, sie meckert erst ein bisschen und dann zaubert sie doch irgendwoher die Kohle, aus dem Hut!", sagte Rike Brunnhofer empört. „Mama kann ja arbeiten! Nein, meine Liebe, so läuft das nicht! Diesmal nicht. Die Pferde kommen wieder weg, und zwar bald."

Jana schluchzte auf. Ihr war, als müsse sich der Boden unter ihr öffnen und sie verschlingen. Jetzt war alles aus. Nichts konnte sie und ihre vierbeinigen Freunde mehr retten.

„Ich werde gleich mit Doktor Malchow sprechen, wie wir das organisieren. Und diesmal werde ich mich höchstpersönlich ..." Die Telefonglocke übertönte schrill den Rest des Satzes. Rike Brunnhofer nahm den Hörer ab. „Hotelpension Roggenhof, Brunnhofer, guten Tag –" Ihr Gesicht nahm augenblicklich den freundlichen Ausdruck an, der ihr im Umgang mit Gästen zur Gewohnheit geworden war. „Vier Erwachsene, drei Kinder ... wann ... für drei Wochen, lassen Sie mich nachsehen ... Ja, Herr Langfeldt, das ließe sich einrichten ... Wie bitte? ... Nur wenn es Reitgelegenheit beim Hotel gibt ..." Ulrike Brunnhofer schluckte. Mit großen Augen sah sie Jana an. „Sonst nicht ... ja ... selbstverständlich haben wir Pferde ... Wie viele?" Fragend blickte sie zu Jana hinüber.

Jana zeigte die fünf Finger einer Hand.

„Fünf Pferde ..."

Jana machte das Pluszeichen und zeigte zwei Finger, dabei bückte sie sich leicht und zeigte die Höhe des Ponys an.

„... und zwei Ponys! Ja? Sehr schön. Also werde ich reservieren ... ich schicke Ihnen die schriftliche Bestätigung der Buchung dann zu. Danke! Wir freuen uns auf Ihren Besuch, Herr Langfeldt! Auf Wiedersehen!"

„Und?", fragte Jana mit zitternder Stimme.

Rike Brunnhofer sank mit einem Seufzer auf ihren Stuhl, für einen Augenblick bedeckte sie die Augen mit der Hand. Dann richtete sie sich auf und straffte die Schultern. „Aber nur für die nächsten vier Wochen. Keinen Tag länger!", sagte sie energisch.

Mit einem Jubelschrei fiel Jana ihr um den Hals. Jetzt war klar: die Pferde würden bleiben! Auf dem Roggenhof!

Tina Caspari, d. i. Rosemarie von Schach,

ist in Pommern und Ostpreußen aufgewachsen, war als Schauspielerin bei verschiedenen Theatern engagiert und arbeitete als Funk- und Fernsehsprecherin. Sie ist Autorin von zahlreichen Romanen, Kinder- und Jugendbüchern und aktuellen Fernsehserien.
Heute lebt sie als freie Schriftstellerin in Steinebach am Wörthsee.

TINA CASPARI

Galopp am Meer

Jana plant ihren ersten Ausritt mit dem schönen Rappen Janusch. Dass eine ganz besondere neue Freundin mitreitet, ist die große Überraschung! Und dann preschen sie durch die Brandung über den weiten Strand!

DIE BESTEN PFERDEBÜCHER
EINE AUSWAHL

Caspari, Tina
Mein Pony Schwarzer Schwan

Kruse, Max
Die Ponys von der Insel – Goldhaar

Bosse, Sarah
Ein Pony für Laura

Brattström, Inger
Das Wunschpferd

Caspari, Tina
Das Sternenpferd

Doty, Jean S.
Die große Hürde vor dem Sieg

Henning, Ann
Wirbelwind, der Hengst aus Connemara

Isbel, Ursula
Als Fanny ihr Pony fand

Kroonenberg, Yvonne
Katie und ihr Reitclub

Kruse, Max
Die Ponys von der Insel – Sternenauge

HERBERT SOMPLATZKI

Traumpferde

Dies sind Geschichten aus alter und neuer Zeit. Sie handeln vom Sohn eines Kreuzritters und seinem Schimmel, von einem tapferen Kosakenpferd und einer ganz besonderen ostpreußischen Stute. Sie erzählen von Schlittenspuren im Schnee, von einem Ritt durch weites Land und von einem verlassenen Sternenpferd.
Pferdegeschichten, die ihre Leser fesseln und bezaubern werden!

SCHNEIDER BUCH